labutxaca

www.labutxaca.cat
info@labutxaca.cat

Jair Dominguez (Barcelona, 1980) és periodista i escriptor. Va estudiar història de l'art però s'ha guanyat la vida escrivint per al cinema, la ràdio i la televisió i fent coses de les quals no està tan orgullós. Sempre ha intentat viure lluny de les ciutats. *Allegro con fuoco* és la seva cinquena novel·la.

X @sempresaludava

Jair Dominguez

Allegro con fuoco

Columna
Barcelona

La primera edició d'aquesta obra es va publicar
a Columna el març del 2023

Primera edició en aquest segell: març del 2024

Fotocomposició: Grup62
DIPÒSIT LEGAL: B. 832-2024
ISBN: 978-84-19971-12-8

Baby, baby, baby, oh
Baby, baby, baby, no
Baby, baby, baby, oh

JUSTIN BIEBER, «Baby»

(INT. DESPATX - NIT

Som al despatx del DETECTIU. Decoració anys quaranta, pel·li de Philip Marlowe. Escriptori de fusta, telèfon, llum art-déco. Hi ha papers i arxivadors i una ampolla de whisky. Un desordre clarament estudiat.

El detectiu duu gavardina. És un home de quaranta llargs, sorrut, alt i fort. Estintolat a l'escriptori, treu un paquet de tabac de la butxaca i se l'acosta als llavis.

Sentim remor de fons, potser un tren. Música de saxo. El detectiu treu un zippo de la butxaca i encén la cigarreta. En fer la primera calada li agafa un atac de tos brutal.)

DIRECTOR
Talleu, joder.

(El detectiu segueix estossegant. Obrim pla per descobrir que som en un plató de cinema. El DIRECTOR fa que no amb el cap. L'OPERADOR DE CÀMERA es treu la gorra i es col·loca les mans a la cintura. Corredisses pel plató. Alguns elèctrics assenyalen un focus que pampallugueja. Entra una MAQUILLADORA per intentar adobar el detectiu, que continua estossegant.

El detectiu és l'actor JOEL JOAN. Es recupera de l'atac de tos i s'adreça al director, resignat.)

JOEL
Ja et vaig dir que no fumo.

DIRECTOR

Una calada, Joel! Collons, no et demano que et fotis un paquet! Una puta calada!

JOEL

Ara t'ho faré bé.

DIRECTOR(a algú de producció)

Porteu-li un puto got d'aigua a en Joel!

(El director renega en veu baixa. L'AJUDANT DE DIRECCIÓ, un home barbut amb pinta de motorista, apareix del no-res.)

AJUDANT DE DIRECCIÓ

Molt bé, nois. Deu minuts de pausa i ens hi posem un altre cop.

(En Joel surt del set mentre la maquilladora l'empaita. Passa entre l'equip de rodatge i arriba a un passadís. Allà hi ha un NEN OBÈS que se'l mira amb un mòbil a la mà.)

NEN OBÈS

Eh, Joel Joan! No ets tan bo com et penses!

JOEL (xiuxiuejant)

Calla la boca, puto gordo.

(En Joel creua algunes portes, totes iguals, i arriba a un lavabo. Es planta davant del mirall.)

—No ho acabo d'entendre. Vols dir que el detectiu és un actor?

—És una pel·lícula sobre una pel·lícula de detectius.

—Per què?

—I per què no?

—La gent no ho entendrà. T'agrada massa complicar-te la vida. No podries fer una pel·li de superherois?

—No tenim pressupost. Però podria fer una pel·li de superherois de baix pressupost i sense efectes especials i amb els protagonistes vestits amb pijama. I fer que es passin dues hores i mitja asseguts en un bar parlant dels seus dimonis interiors. Vols que ho fem?

—Sempre amb aquesta punyetera demagògia teva.

—Quina demagògia? Ets tu el que diu que la gent no entendrà les meves pel·lícules. Escolta'm, som al segle XXI, la gent ja no s'espanta quan veu una locomotora anant cap a la càmera. La gent està preparada per entendre trames complexes. La gent va entendre *Tenet*.

—Ningú va entendre *Tenet*. Però estava ben feta i els actors eren bons.

—No eren bons però eren americans i vosaltres sentiu un tio parlant anglès i se us posa dura. Podem fer una pel·li de puta mare, un llargmetratge seriós, res de pel·lis de camperols collint fruita o de subnormals caminant pel bosc; una pel·li en català, amb un guió de veritat, amb actors professionals. Fer-ho bé i guanyar premis.

—Els productors no volen premis. Volen diners.

—Ja no es fan diners amb el cinema.

—Això només ho podem finançar amb diners públics. Ara tens un nom, has guanyat el Lleó d'Or.

—És un os.

—Què?

—És un os d'or, el premi.

—M'és igual. El tema és que podríem fer-ho amb la Corporació. Et pagarien la pel·lícula sense llegir el guió.

—Ah.

—De quanta pasta estem parlant?

—La Regina va dir que em passaria el pressupost avui.

—Però més o menys? Un milió? Cinc milions?

—Jo crec que seran dos i mig o dos vuit-cents.

—Ho poden pagar.

—Tot? No seria millor trobar dues o tres productores?

—Per què?

—Perquè no vull haver de dependre exclusivament d'aquesta gent. Vull tenir llibertat i poder contractar el meu equip. Imagina't que em fan treballar amb funcionaris. No puc fer una pel·lícula amb gent que plega a les cinc de la tarda. Vull poder treballar amb un director de fotografia que no em demanarà la baixa si es fa mal al turmell. Treballar amb mòmies moribundes... No puc, David, necessito gent jove i valenta. Nanos mal pagats que treballin de sol a sol. Sempre ho he fet així i no he tingut mai problemes. M'estimo més un becari mig retardat que farà el que li mani que un vell podrit de la Corpo.

—A l'Helena se li mouen els mobles.

—Com?

—Diu que els mobles de la casa es mouen. Entra a una habitació i les cadires s'han mogut. O es troba el llit al mig del dormitori. Coses d'aquestes.

—Vaja.

—Fa mesos que li passa.

—I què?

—Què vols fer-hi? Ha acceptat que els mobles es mouen. Ja està. No pensa que sigui res paranormal, eh. No està boja. No creu en fantasmes. Els mobles es mouen i punt. Demanem alguna cosa per menjar?

—No tinc gana.

—I set?

—Sí.

—NOI. DOS GINTÒNICS. Escolta, i en Joel Joan?

—Què li passa?

—Es diu així a la pel·li o és en Joel Joan de veritat?

—És en Joel Joan de veritat.

—Fa d'ell mateix?

—Sí.

—Val.

—Sí, però no et confonguis. És en Joel Joan fent de Joel Joan actuant en una pel·li de detectius. Vull dir que ha d'actuar. No es limitarà a passejar i xerrar com si res. Però ningú pot fer de Joel Joan, només ell.

—Hmm.

—Què vol dir «hmm»?

—Que en Joel sempre porta problemes. No acaba de caure bé a la Corporació. No és el tio més fàcil del món. Es barallarà amb l'equip, etcètera.

—Collonades. He treballat amb ell. El vaig dirigir en aquell capítol i era de puta mare, atent i simpàtic.

—Era *un* capítol. El tio més fill de puta del món també pot ser atent i simpàtic durant el rodatge d'un sol capítol. Però estem parlant de sis o set setmanes de rodatge.

—El paper només el pot fer ell. Això és innegociable.

—Cap problema. Només et dic que potser hauries de tenir la ment més oberta. Fer-te una llista de possibles candidats. En Tarantino també ho fa: sempre té una llista de quatre o cinc opcions per a cada paper. No t'agradava tant, en Tarantino?

—No el suporto.

—Segur? No em vas dir que era el teu ídol?

—Tarkovski.

—No em sona. Però és igual. No et tanquis portes, perquè si la Corporació posa la pasta potser et diuen que el protagonista ha de ser algun nano jove d'aquests que ho estan petant fort. I jo crec que en aquests casos cedir és important. No ho vegis com una derrota.

—No penso cedir.

—Molt bé. No he dit res. Un brindis. Per la nova pel·lícula de Kilian Prats. Té títol, per cert?

—Es diu *Pel·lícula de detectius.*

—No, de veritat.

—*Pel·lícula de detectius.*

—Estàs com una cabra.

El director era director pels seus mèrits. S'ho havia guanyat. Kilian Prats, alumne estrella de l'ESCAC i la NYFA, premis als Estats Units, Berlín i Locarno i a tots els festivals espanyols. Havia rodat un grapat de curtmetratges i tres llargs i encara no havia complert quaranta anys però ja era el director català més respectat de la història. Sí, és cert, a Catalunya les seves pel·lícules no les veia ningú, però era un ídol a França, a Alemanya i al Japó. A ell la recaptació i les xifres li importaven un cul, no volia saber-ne res. Era un cineasta *old school*, un *auteur*. Per a horror dels seus productors, que es veien obligats a arrossegar-lo per platós de televisió i emissores generalistes, el director dinamitava progressivament tots els actes promocionals on el convidaven. Es presentava drogat i/o borratxo a les rodes de premsa, no contestava mai el telèfon ni els mails i insultava la premsa espanyola. Hi havia una mica d'impostura en aquell comportament, formava part del personatge. Però era indubtable que en Prats no suportava la part frívola de la seva feina.

—No sé per què vinc a aquesta reunió. Tinc molta feina.

—Et volen conèixer, es volen fer selfies amb tu. No cal que diguis res. T'asseus i fas que sí amb el cap. Kilian, si us plau, comporta't —va fer la Regina.

En Prats va desembolicar un paquet de Winston —o potser era Marlboro o Camel, era impossible saber-ho perquè els paquets estaven tots embolcallats amb fotos de dents podrides i missatges pertorbadors—. La seva assistent i amant ocasional, Regina Maurici, va clavar-li una mirada assassina.

—Què passa?

—No es pot fumar, aquí.

—Com que no?

—No es pot fumar, aquí. Som al segle XXI, no es pot fumar enlloc.

En Prats va guardar el paquet a la butxaca de la gavardina. Sempre duia posada aquella gavardina pollosa de J. W. Anderson.

Avançaven pel passadís interminable de la seu de la Corporació de Mitjans Audiovisuals. Terres de granit brillant que algú fregava quatre cops al dia, llum de fluorescent i parets blanques. Era com una cansaladeria. Es van anar creuant amb tot de rostres indolents, funcionaris moribunds que ja eren allà quan encara no havien col·locat els marcs de les portes. Van pujar les escales fins al primer pis. Allà els esperava una secretària de producció que els va acompanyar fins a la sala de reunions. Hi havia una taula ovalada de roure, un tronc brasiler dins un test i un Miró de metre cinquanta per metre cinquanta a la paret. En Prats va escrutar el quadre. Era autèntic.

Allà dins no hi havia ningú, però tot just estaven apartant les cadires per seure quan van aparèixer quatre directius. Espectres amb americana i corbata. Van seure amb certa dificultat. Un d'ells no tenia prou força per moure la cadira i ho va haver de fer la secretària de producció. Era difícil distingir qui era qui. Tots ells vestien trajos de color gris i duien pentinats idèntics. El més atrotinat, el que no podia ni arrossegar la cadira, va tancar els ulls durant un segon i en Prats va pensar que s'havia mort allí mateix. Aquell home era més allà que aquí. La primera en obrir la boca va ser la Regina. Cap d'aquelles mòmies s'havia dignat ni tan sols a dir bon dia.

—Hem portat el calendari de rodatge i una proposta per a la gent de publicitat.

—Ens podem fer una foto? És per a la meva neboda —va fer un dels directius sense ni tan sols deixar que la Regina acabés la frase. Era el més jove. Devia rondar la seixantena, però com a mínim parlava i es movia sense semblar un malalt terminal. En Prats va incorporar-se lleument.

—Li agraden les meves pel·lícules, a la seva neboda?

El directiu va riure.

—Té quinze anys, no veu pel·lícules. Però m'ha dit que tens una barbaritat de *followers* a Instagram i que si la pots etiquetar.

El directiu ja duia el mòbil a la mà. Com a mínim sabia fer anar l'iPhone amb certa traça. En Prats va intentar somriure però només va aconseguir fer una ganyota. Semblava que estava patint un aneurisma.

La Regina va repartir informes entre els presents. El moribund ni tan sols va obrir la carpeta. Semblava tenir massa feina intentant mantenir-se amb vida. Els altres tres van fullejar el dossier amb indiferència. Una secretària va portar cafès i una safata amb croissants. En Prats va fer el gest d'agafar-ne un, però en advertir que un dels directius se'l mirava de reüll va fer-se enrere. El directiu de l'iPhone va creuar les mans sobre la carpeta.

—Mira, Kilian, ja saps com va el negoci o sigui que aniré de cara a barraca. Tens ganes de fer una cosa molt profunda i que la vagin a veure quatre matats al cine. Però el cinema és mort. Volem una cosa fresca que es vegi per internet, que la mirin els nanos al mòbil. Espectacle.

—Espectacle —va remugar el moribund.

—Ens hem llegit el guió i està molt bé. Molt original. Ja sabem que tu treballes d'una altra manera i que t'agraden les bones crítiques i guanyar premis. Però jo et vull proposar una cosa nova: anem a fer diners.

En Prats ja havia tingut aquest tipus de xerrada en incomptables ocasions. Als productors no els agraden els premis. Demana-li a un productor si s'estima més guanyar la Palma d'Or o que la seva pel·lícula aparegui a la secció de recomanats de Netflix i veuràs com li brillen els ulls. Els premis són una maledicció per al productor. Ja n'havia tingut, de productors així. No volien haver de barallar-se amb un director que volgués una setmana més de rodatge «per somiar» o «per dibuixar millor el secundari» o perquè «el sol del capvespre d'agost és molt millor que el del juliol». Però, és clar, com li has de dir que no a un tio que t'ha guanyat l'International Film Awards de Nova York amb vint anys? Els productors havien de fer mans i mànigues per tenir-lo content i intentar que la pel·lícula no fos una obra d'art i assaig infumable. Al final en Prats acabava claudicant i acceptava algunes imposicions: deixar que l'actriu del moment —nefasta però molt fotogènica— interpretés un paper secundari, fer una mica de *product placement* a l'escena important, que sonés la cançó de tal o qual grup de merda que ho estava petant fortíssim a TikTok. En fi. Coses que no li agradaven gens però que acabava acceptant pel bé major —el bé comú, pensava ell, ja que les seves pel·lícules, les pel·lícules del gran Kilian Prats, segons el seu humil parer, s'haurien d'exhibir al MoMA.

Treballar amb en Prats no era gens fàcil. Els seus ídols eren grans malparits: Clouzot, Herzog, Polanski *et alii*, i ell feia tots els possibles per assemblar-s'hi: maltractava els *runners*, ignorava la *script* i humiliava els meritoris. No era tampoc un gran director d'actors. La seva única indicació acostumava a ser «vocalitza». Els actors moderns no vocalitzaven, era dramàtic. En algun moment va començar a córrer la moda de xiuxiuejar, com feien els actors americans. Pensaven que les frases tenien més potència si només es mormolaven, si tot just s'insinuaven. Però allò només ho sabien fer els actors americans, que feia setanta anys que n'havien après amb Lee Strasberg. Els actors catalans —espanyols, vaja— no sabien xiuxiuejar amb autoritat i els diàlegs es convertien en un garbuix indesxifrable. La majoria de les pel·lícules s'havien de veure subtitulades perquè el protagonista, aquell guapo d'Elite, parlava com un autèntic paralític cerebral.

—El futur és a les plataformes. M'entens, Kilian?

En Prats es va començar a trobar malament. Era només a una altra obvietat de vomitar sobre la taula.

—Hem de tenir en compte que la televisió ha mort. El cinema que fas tu està molt bé i, creu-me, fa cinc anys t'hauria dit «endavant, fem-ho» i estrenem la pel·li un divendres a la nit i fem un trenta d'audiència. Però la gent ja no mira pel·lícules a la tele.

—Espectacle —va xiuxiuejar el moribund.

El directiu va posar-se les ulleres per mirar alguna cosa al seu iPhone.

—Els nanos no tenen temps. Volen veure sèries de vint minuts. Podem convertir la pel·lícula en una sèrie de vint minuts? Vull dir, és factible?

—M'ho preguntes de debò?

En Prats va pronunciar la frase molt a poc a poc; les paraules sonaven esmorteïdes, com si alguna cosa dins seu estigués bregant per sortir i inundar-ho tot de bilis. La Regina va posar-li la mà a l'espatlla i va tractar de parlar en el seu to més conciliador.

—El que en Kilian vol dir és que la pel·lícula, com el seu nom indica, està pensada per ser una pel·lícula.

—Però això és igual, no? —El directiu jove parlava sense deixar de mirar el mòbil—. Rodem la pel·lícula normal i després la retallem en vuit o deu parts. O millor encara, la graves igual i després la pengem a velocitat u i mig o dos. La gent ho fa, no?

En Prats va notar regust d'àcid gàstric pujant-li per la gola. S'estava marejant. La Regina seguia parlant sense deixar silencis entre frase i frase.

—No és igual, no. Heu d'entendre que la pel·lícula és una peça compacta, té un ritme determinat que no pot trencar-se així com així. Si volíeu una sèrie ho hauríem d'haver parlat abans. S'hauria de refer tot el guió.

En Prats va aixecar-se i va sortir per la porta. Es trobava molt malament. Volia vomitar sang. Va intentar posar-se una cigarreta a la boca, però no va apuntar bé i li va caure a terra. Es va quedar palplantat, d'esquena a una columna del passadís. La secretària de producció va atansar-s'hi per demanar-li si necessitava res. En Prats va intentar mirar-la però les nines dels ulls li marxaven. La secretària va veure una cara que no esperava trobar-se i va girar cua. Dins el despatx, la Regina seguia xerrant, ara en un to de veu més greu.

—Heu d'entendre que en Kilian té mil ofertes. Podria estar rodant als Estats Units, no tindria per què tornar a Catalunya mai més. Si no enteneu que tenir-lo aquí és un privilegi, no cal que seguim parlant.

El directiu jove va esbufegar tan fort que semblava que faria volar els papers de la taula. Es va treure les ulleres i les va guardar a la butxaca de l'americana.

—Mira, Regina, no passa res. Ho havia d'intentar. Jo tampoc voldria estar aquí, no sé si m'entens. Em paguen per fer una feina que no m'agrada i perquè l'empresa funcioni. A en Prats no li agraden les imposicions, però a mi tampoc em fa cap gràcia baixar a menjar-li la polla a aquest nen consentit.

El to havia deixat de ser amigable. Un dels directius moribunds va estremir-se lleument.

—Fem-ho com havíem quedat. Voleu fer una pel·lícula? Fem una pel·lícula.

—És el que...

—Fem una puta pel·lícula.

Es van produir uns instants de silenci. La Regina va mirar cap a la porta, tot i saber perfectament que en Prats no tornaria a entrar a aquella sala.

—Farem la pel·lícula. Vinga, fem una pel·lícula de detectius. És el que voleu? Molt bé. Endavant. Ho tirem endavant. Cap problema.

L'home havia començat a recollir. Estava clar que no en volia saber res, d'aquella reunió.

—Escolta...

—Aquesta setmana us trucaran de producció.

En Prats va entrar en el mateix moment que els quatre directius s'aixecaven. Es va mirar la Regina, que va fer que no amb el cap. En Prats ja no sabia si aquell gest volia dir que no intervingués, que tot havia anat bé, que tot havia anat malament o que s'havia suspès el rodatge. Però feia temps que aquestes coses no li importaven gens. En el seu estatus de director de culte ja no havia de patir per certes coses, a saber, les normes de la conducta social, arribar a final de mes o comprar un bitllet d'avió. Ja feia un parell d'anys que de tot això se n'encarregava algú de producció o la Regina.

La Regina Maurici era una dona d'una edat indeterminada entre els trenta-cinc i els cinquanta anys. Molt bronzejada, molt rossa. Bon cul, bons pits. Acostumava a vestir texans i jaqueta de cuir i sempre duia el cabell recollit en una cua de cavall tan tensa que semblava que se li havien d'esquinçar les parpelles. No se sap si tenia fills o parella o exmarit o xicota. La seva vida privada era impenetrable. El seu cercle d'amistats, si és que existia quelcom així, tampoc no en sabien res. Ni tan sols en Prats, amb qui voltava de feia anys, en sabia gran cosa. Es van conèixer al Los Angeles International Film Festival, van caure's bé i van follar al lavabo, una cosa ràpida perquè tots dos tenien pressa i perquè en Prats es va córrer en quinze segons. La Regina va arribar tard a una reunió perquè va estar-se sis minuts netejant-se el semen d'en Prats dels texans i va estar a punt de perdre la feina que tant li havia costat d'aconseguir en una productora independent però molt prometedora. Fos com fos, en Prats va fer que la contractessin com a cap de producció del seu segon llargmetratge i ja no la va deixar escapar. La Regina era eficaç. Era extremament eficaç. Resolia problemes abans que els problemes existissin. Era el tipus de persona que en Prats necessitava a la seva vida perquè en Prats era un autèntic desastre, un nen mimat amb dèficit d'atenció i un gravíssim problema amb l'autoritat. Era incapaç de comprar l'entrada d'un concert per internet o de demanar que li canviessin l'aigua freda per una de natural en un restaurant. La seva mare l'havia sobreprotegit de manera salvatge fins als dotze anys. Potser si hagués anat a un institut públic l'haurien espavilat a base d'hòsties, però els pares no ho haurien tolerat mai i el van enviar a un internat francès. Allà la majoria eren milionaris, fills de cosins, nanos de llavis molsuts i cabell frondós, tots ells moderadament subnormals.

Un d'aquells nanos, l'Elias Duplantis, va convèncer el seu pare que els financés un curtmetratge. A en Prats li encantava el cinema, volia ser director de cinema. No contemplava la possibilitat de dedicar-se a una altra cosa. De ben petit havia començat a veure pel·lícules mudes. Es va obsessionar amb el *Nosferatu* de Murnau i tot l'expressionisme alemany. Devorava llibres de cinema, va estudiar-se les pel·lícules de Dreyer pla per pla, es va convertir en un erudit amb deu anys. Els pares li van comprar una pantalla de cinquanta polzades per a l'habitació. En Prats no sortia d'allà. Tampoc no tenia amics. No va tenir amics de veritat fins que va conèixer l'Elias i va començar a flirtejar amb la idea de fer una pel·lícula. Van aconseguir que el senyor Duplantis, que tenia una cadena de supermercats, els comprés una càmera i van rodar *Lucien in the sky with diamonds*, un film experimental protagonitzat per un sensesostre que van trobar-se a l'estació de metro de Porte de Clignancourt i que amb prou feines sabia parlar. El pobre home, un addicte al crac que només blasfemava i deia «tout ça, c'est la merde» mentre assenyalava la càmera i es gratava crostes invisibles, voltava per carrers pixats i recitava poemes que li havia ensenyat la seva mare. El curtmetratge era extremament intens en el pitjor sentit de la paraula, però la joventut dels directors convertia la pedanteria en audàcia a ulls de la crítica més benèvola. El film va guanyar un parell de premis internacionals i va obrir-li les portes a en Prats per poder estudiar un grau de cinema a la Universitat de Colúmbia. Sense el curtmetratge hi hauria pogut anar igualment, perquè el curs van pagar-l'hi els seus pares, però a ell li agradava dir que si havia pogut estudiar a Nova York era gràcies al seu talent.

Els directius van desaparèixer passadís enllà. En Prats va fer un glop de la llauna de coca-cola que havia comprat a la màquina de vènding. No duia mai ni un cèntim a sobre però s'havia trobat un euro als pantalons. Era inexplicable, però també una petita victòria. No tant per la coca-cola —que també—, sinó per haver-se tret de sobre aquella moneda inútil que l'únic que feia era dringar absurdament a la butxaca en contacte amb les claus del cotxe. En Prats tenia un TOC prou accentuat perquè el molestessin aquest tipus de coses: monedes a les butxaques, mocadors rebregats sobre la taula, llibres de diferents mides apilats tots junts. No podia suportar-ho. També el molestava que el volum del televisor fos un número imparell o, com ell deia, no rodó. El volum podia estar a 28, 32 o 30. Però també a 45. Mai a 33 o a 17.

—Què han dit?

La Regina va sospirar:

—Que ho tiren endavant. Però no sé què em demanaran a canvi. Hem d'esperar el pitjor.

—Però què poden fer? Ens deixen rodar, no? El pressupost ja està tancat.

—Sí. En principi.

—Què vol dir en principi?

—Doncs això.

La Regina va recollir els papers que havia escampat per la taula. En Prats va agafar un croissant i se'l va entaforar sencer a la boca. Abans de sortir per la porta s'ho va repensar, en va agafar dos més i se'ls va guardar a la butxaca de la gavardina.

Eren al Lilaines, un restaurant que tenia nom de llar d'infants però que estava prou bé. Grans finestrals que donaven a un pati interior ple de canyes de bambú. Sempre hi havia el típic idiota que feia la broma: «On teniu els ossos panda? Ha, ha, ha!», i el cambrer havia de posar aquella cara de circumstàncies de quan t'han fet el mateix acudit tres-centes vegades. Però els preus eren raonables i el cuiner era bo. A en Prats li agradava aquell restaurant. Acostumava a anar-hi quan estava de bon humor, però aquell dia havia reservat la Regina i això volia dir que hi havia males notícies. En Prats va arribar cinc minuts tard. La Regina ja havia demanat una copa de vi blanc. En Prats detestava el vi blanc. Va seure i el cambrer va sorgir del no-res.

—Puc oferir-li alguna cosa per beure?

—Eh... Sí, un vi negre. Porta'n una ampolla. —Es va mirar la Regina—. O se'm posarà malament?

—Demana'n una ampolla, sí —va fer ella.

En Prats es va mirar la carta ràpidament, ja tenia clar el que volia.

—Farem un Finca Garbet.

—Bona elecció.

En Prats ja ho sabia, que era una bona elecció, era el seu vi preferit. No calia que el cambrer li donés la raó perquè ja sabia que quan demanes una ampolla de més de cent euros el cambrer sempre et dirà que has fet bé. De totes maneres, s'estimava més aquell comentari subtil que no pas l'explicació refistolada del sommelier. No ho suportava. Li havien explicat desenes de vegades el que eren els tanins i l'acidesa i a dia d'avui encara no entenia com un vi podia fer olor de cítrics, pinya en almívar, espècies o cua de guineu.

—Tinc una mala notícia.

—Ja ho sabia, per això he demanat el vi car.

El cambrer va portar l'ampolla, va obrir-la amb cura i va omplir la copa d'en Prats, estalviant-se el tràmit de demanar si algú volia tastar-lo, cosa que en Prats va agrair. La Regina va obrir la boca i en Prats va alçar el palmell de la mà esquerra per demanar silenci. Va fer un glop i va tancar els ulls. No tenia gaire idea de vins, però volia apreciar aquell instant, tenir tots els sentits alerta. La Regina amb prou feines tolerava aquells atacs de pedanteria, però li va permetre uns instants de calma abans de dir-li:

—No podràs rodar amb equip propi. Tot el personal ha de ser de la casa.

En Prats va trigar una estona a processar la informació. A la taula del darrere una parella parlava d'adoptar fills. Un dels homes deia que el nom del nen no podia de cap manera indicar un gènere concret. Es contemplava la possibilitat de posar-li Enzim.

—Per què? —va demanar en Prats.

—Per reduir costos.

—No poden fer-ho.

—Sí que poden. Ells tenen els diners.

—S'estan venjant de nosaltres perquè no volem fer una sèrie?

—Sí. —Aquell «sí» de la Regina no semblava admetre rèplica possible.

En Prats va beure més vi. A la taula del darrere seguien discutint sobre el nom del nen. L'altre pare apostava per un nom amb aire anglosaxó, volia posar-li Kirby o Taylor. Aquella conversa era insofrible.

—I què passa si dic que no?

—Que no faràs cap pel·lícula. —La Regina va agafar la seva copa—. Mira, jo no et diré el que has de fer però en aquest cas ells tenen la paella pel mànec. No ens servirà de res discutir i l'únic que aconseguirem és perdre dies de rodatge.

—Però jo treballo amb el meu equip. Vull en Frede de director de fotografia i en Sergi d'ajudant de direcció. Això és innegociable.

—Ja m'ho penso. Em sap greu.

En Prats va deixar la copa sobre la taula. No sabia què fer amb les mans. S'estava començant a posar nerviós. La parella del darrere brindava. Hi havia consens en el nom. El nen adoptat es diria London. En Prats volia vomitar.

—A mi sí que em sap greu. Ens fotran un equip de funcionaris de seixanta anys que no saben ni com van les càmeres noves.

—Sí, d'això volia parlar-te... —va fer la Regina mentre ficava mitja cara dins la copa de sauvignon blanc.

—Què??

—No sé si tenim pressupost per gravar amb les càmeres que vols. Per anar bé ho hauríem de fer amb l'equip que ja tenen a plató.

—Amb aquelles càmeres de merda?!

—Tranquil. Calma. T'explico: el pressupost és justet. I hi ha algunes coses que crec que podríem reduir. T'he aconseguit la grua que volies. Són molts calés però te l'he aconseguit. I tenim el tècnic de CGI que volies i sis setmanes de rodatge. Val la pena que em baralli per les càmeres?

—Em faran rodar amb aquell equip obsolet? A tu et sembla normal?

—Repeteixo: val la pena que em baralli per les càmeres?

En Prats va esbufegar tan fort com va poder i es va beure el vi d'un glop. Els dos homosexuals del darrere estaven triant colors per a l'habitació d'en o na London. L'acabat amethyst 097 s'estava imposant al wisteria 289.

—M'agradaria rodar amb el meu sistema, la meva gent, el meu equip tècnic. Però està clar que serà en una altra ocasió. En fi. Ja m'ensumava que passaria això.

—Et donaré un consell: concentra't en l'essencial. Sorgiran mil problemes. No estàs acostumat a treballar amb aquesta gent. No saps de què són capaços.

—Són funcionaris. No són capaços de res.

—Li feia moltíssima mandra però al final va anar de visita al metge. Era un doctor juganer, un tio de la broma. El tio entra a la consulta, amb aquella tos horrible que arrossegava des de feia mesos. Havia deixat passar molt de temps, potser massa. El metge escolta aquella tos de dimoni, se'l mira i li diu: «Si tens la mà més gran que la cara és que tens càncer». En Juli es posa la mà davant dels ulls i el doctor li fot un clatellot. «Ha ha! Vinga, va, ximplet, anem a fer una ressonància». Doncs mira, va resultar que sí que era càncer. De pulmó. Dos mesos, va durar, pobret.

Feia dues hores que només sentia desgràcies. Cada departament tenia un treballador mort. Gairebé tot eren càncers, però també n'hi havia algun que havia traspassat d'un atac de cor mentre fumava al pati del darrere. Tothom fumava, allà. Ànimes que s'escolaven a cada pipada. Cares grogues i ulls soterrats. Déu meu senyor, pensava en Prats, és fascinant la manera que té el cos d'aguantar només per la inèrcia. Estava clar que aquella gent era morta per dins. L'esperança era un sentiment desconegut per a ells. S'arrossegaven pels passadissos esperant que algú els encarregués una feina que no existia. Hi havia gent que feia deu anys que no treballava de res. No era culpa d'ells, el problema era sistèmic, perquè hi havia quatre posicions de reforç per a cada càrrec. Hi havia quatre suplents de realització. Això volia dir que el realitzador titular treballava sempre, excepte quan feia vacances. Per Nadal el substituïa el realitzador suplent. Si, per desgràcia, el realitzador suplent agafava gastroenteritis o l'atropellava un camió de sis eixos, el substituïa el realitzador suplent número dos. Si per mala sort al realitzador suplent número dos li queia un piano al cap mentre anava a la feina, aleshores el realitzador suplent número tres, que feia deu anys que no treballava a cap programa i no tenia ni idea de qui era la gent que tenia al seu càrrec, havia de realitzar el directe. No havia passat mai, però en l'hipotètic cas que fallessin tres realitzadors suplents, la responsabilitat passava a aquell realitzador suplent número quatre, un home ferit, al caire de la jubilació o la mort, que havia aprovat unes oposicions l'any 1987 i des d'aleshores vagarejava per despatxos i passadissos mormolant frases inconnexes de tant en tant, parlant amb el fantasma de la seva dona. El seu únic contacte amb la sala de realització va ser una vegada que va entrar-hi per error. S'estava menjant unes patates de bossa. Va veure que s'havia equivocat i va grunyir un «perdó» imperceptible.

Passava així amb tots els càrrecs. El director del departament de decoració era una mena de mecànic, sempre brut i atabalat. Es deia Manel i mai no deixava passar l'oportunitat de dir que aquella feina era molt estressant.

—La gent no sap que aquesta feina és molt estressant.

L'únic que havia de fer aquell bastard era moure algun panot o buscar elements d'attrezzo al magatzem. No hi havia més. Li demanaves qualsevol cosa i esbufegava com si l'estiguessis enviant a un gulag. Era exasperant. Un dia va agafar la baixa per ansietat. El seu substitut era un nano molt trempat, en Vidal. Era jove i aquella era la seva primera feina a la Corporació. Treballava bé, tenia energia; per desgràcia, només era allà de manera temporal mentre no arribava el substitut oficial, que, per aquelles coses de la vida, estava de vacances. En Prats s'havia reunit breument amb en Vidal per explicar-li quatre coses sobre el rodatge i li va semblar un noi eficaç i alegre.

Però estava clar que els joves no hi tenien res a fer, allà. Entraven amb energia, volien menjar-se el món i fer moltes coses i guanyar premis, però al cap d'un parell d'anys s'anaven empeltant d'aquell ambient funest i acabaven amb l'ànima feta miques. En Vidal treballava fort i bé. No es cansava. No tenia mai un no a la boca. Quan feia una setmana que era allà va arribar el substitut oficial, un homosexual amb camisa de fantasia que es deia Genís o Genar. No semblava tenir cap tipus d'interès a fer bé la seva feina. No mirava gairebé mai als ulls, i si et mirava, ho feia amb una displicència que li hauries aixafat el cap amb un mall. El segon dia ja no va venir. En Prats no ho podia entendre.

—Com que no ha vingut?

—Té cagarrines. Ha agafat unes diarrees molt fortes al Surinam.

No sabia què cony havia anat a fer aquell home al Surinam. No sabia què cony es podia fer al Surinam, així en general. No sabia ni situar aquell país al mapa, suposant que fos un país.

—Doncs que torni en Vidal.

—En Vidal no pot ser. Ja no hi és.

Qui parlava era el cap de producció. No era mal paio.

—Però si fa dos dies estava aquí fent de substitut. Digueu-li que torni.

—No pot. Ell feia de substitut d'en Manel, però ara hem de substituir en Genís. En Vidal no pot fer-ho. Ell és substitut de nivell dos i només substitueix gent de nivell dos. En Genís és nivell tres. Bé, seria nivell dos si aprovés les oposicions però encara no han sortit les notes.

No volia discutir per allò. Tampoc no sabia per on començar. Faltaven quatre dies perquè arrenqués el rodatge i allò era un desgavell. Per més que ho intentava, era incapaç de retenir els noms de l'equip tècnic. I tampoc les cares, totes li semblaven la mateixa perquè patia una lleu prosopagnòsia. Li va demanar un croquis a la Regina, un din-A4 amb les fotografies i els noms dels quatre caps de departament perquè no volia saber res més de ningú. Volia tenir el cervell a punt per encarar el rodatge. S'havia apuntat a classes de ioga i pilates perquè algú li havia recordat que estar tot el dia assegut li destrossaria les cervicals. Havia trobat un gimnàs petitó prop de casa. La monitora es deia Alba i era potser massa exuberant per ser monitora de pilates. Ell esperava una hippy canosa amb pantalons de fantasia però es va trobar aquella donassa amb malles ajustades i pits descomunals i la seva tranquil·litat d'esperit es va transformar en tensió. Ja li anaven bé les classes: tenia l'esquena fumuda de feia anys i els exercicis realment li milloraven el to muscular, però la visió d'aquella dona tremenda el pertorbava. El pitjor de tot va ser que un dels alumnes, un home molt fort que es deia Pere, va veure com se la mirava i va obrir-li el cor.

—Està bona, eh.

—Què? —La revelació va agafar en Prats per sorpresa mentre feia la postura de l'arquer.

—L'Alba. Està molt bona. Massa. A mi em desconcentra. Tu ets nou aquí, oi?

—Sí.

—Jo ja fa tres anys.

—Déu-n'hi-do.

—He de fer dues hores en cotxe per venir a aquesta classe. Però val la pena.

En Prats va seguir amb la rutina. L'Alba va cridar des del fons de la sala. Ara havien de fer el «gosset cap per avall». En Pere es va mossegar el llavi.

—Saps que va fer un vídeo porno?

En Prats va fer que no amb el cap.

—Es veu que sí, però no hi ha manera de trobar-lo. Fa sis mesos que ho provo. L'he estat buscant per internet dia i nit i res. M'estic tornant boig. He contractat un hacker romanès que hi està treballant.

—Hmm.

Van seguir fent postures durant mitja hora i va sonar una campaneta que indicava que la classe havia acabat. L'Alba va acomiadar-se dels alumnes i els va desitjar un bon cap de setmana, en acabat es va eixugar la suor amb una petita tovallola. Per algun estrany motiu, en Prats va trobar aquell moviment molt sensual i va tenir una erecció.

Hi ha un nen obès fora el plató. No se sap qui són els seus pares, ni tan sols si en té. És un nen obès, un puto gordo. Duu una gorra amb un cap de llop brodat i a sota hi diu WOLF, com si la gent fos subnormal i no sabés quina cara fa un llop. Un llop dibuixat, és clar. La *caricatura* d'un llop. O sigui, el concepte que un humà té d'un llop, perquè si aquell marrec obès hagués vist un llop de prop pensaria que és més aviat un gos, no una bèstia ferotge de dibuixos animats amb les dents esmolades i els ulls en forma de fletxa.

Doncs bé, aquell puto gordo sempre està esperant fora el plató, al passadís que va del Centre de Produccions Audiovisuals a la barraca dels guionistes i el taller d'attrezzo. Sempre intenta demanar un autògraf o fer-se una selfie amb algú. No és pas idiota, aquell nen, no és un discapacitat mental, cosa que ho faria tot més simple i entenedor; és un puto nano normal, obès, que sempre és allà, donant pel sac amb els seus comentaris.

—Eh, què passa, company? Et fan currar de valent, eh? —li va dir un dia a en Joel Joan, que sortia esbufegant després de fer un assaig per a una escena d'acció—. Has de fer més esport!

En Prats, que anava tot darrere, va sentir el comentari.

—Doncs té raó el gordo, Joel. Quant fa que no vas al gimnàs?

Les assistents de producció van riure per sota el nas. En Joel no tenia ganes de parlar. Va assassinar el nen obès amb la mirada.

No havien començat gaire bé les coses, amb en Joel Joan. A la primera reunió abans de començar els assajos ja en va deixar anar una de les seves:

—Ei, nano, digue-li al teu pare que ja he arribat, que quan vulgui comencem.

La idea era fer-li aquella brometa a en Prats, que, efectivament, aparentava deu anys menys dels que tenia, per mirar de trencar el gel, però a en Kilian no li va agradar gens. Però, és clar, després de cada broma en Joel t'abraçava i reia i en Prats l'hi perdonava tot perquè aquell malparit, en el fons, era encantador i un bon professional.

Però a mesura que avançaven les lectures de guió i els assajos, l'humor d'en Joel va anar canviant. En Prats no gosava preguntar el perquè: no s'havia obert mai ni havia pretès que la resta del món ho fes amb ell. Si es trobava algú exultant de felicitat, no hi donava cap importància. Si es trobava algú enfadat, ho assumia. No li passava pel cap dir «et trobes bé?» o «què et passa?» o qualsevol fórmula estàndard de conducta social. Potser si ho hagués fet des d'un primer moment les coses entre ells dos haurien anat millor. En Prats es va limitar a combatre el sarcasme amb més sarcasme, cercant una empatia que no va arribar a quallar mai.

Feia un dia especialment merdós. Plovisquejava. Tot semblava més brut de l'habitual. L'aplicació Temps de l'iPhone deia que la qualitat de l'aire era nociva. En Prats conduïa per la B-23 parlant amb la Regina.

—M'han acreditat, ja? Podré aparcar, avui? [...] No, ahir no em van deixar entrar. Vaig haver de fotre'l en una zona blava sota uns arbres i quan vaig tornar se m'hi havien cagat tots els coloms del Llobregat. [...] Quina matrícula? La meva? No em sé la matrícula. Per què m'hauria de saber la matrícula? El cotxe és nou. No sé quin model és, tampoc. És vermell. No ho sé. Un Tesla vermell. No deu ser tan complicat.

En Prats va arribar davant l'intèrfon del pàrquing. La barrera no s'obria. Va intentar arribar al botó de l'intèrfon, però tenia el cotxe massa lluny i va haver de baixar. Allò el va posar encara de més mala llet. Una veu esquerdada es va filtrar per l'altaveu.

—Sí?

—Pot obrir?

—Digui'm el seu nom, si us plau.

—Kilian Prats.

—Prat?

—PRATS.

En Prats va anar cap al cotxe. La veu esquerdada va tornar.

—Aquí no surt, eh.

—Com?

—Que no és a la llista. Kilian Prat, ha dit.

—PRATS. KILIAN PRATS.

—Ah, Prats.

Es van produir uns segons de silenci. Per l'intèrfon s'escolava una respiració entretallada.

—No, Prats tampoc.

—Escolti, treballo aquí. Estic rodant una pel·lícula. Pot obrir la barrera, si us plau?

—Li han donat d'alta el número de la matrícula?

—Sí. Em van dir que ho farien ahir.

—Doncs aquí no em surt.

—Em pot obrir la barrera, per favor, i després ho solucionem?

—És que si no hi ha la matrícula no puc obrir.

—A prendre pel cul.

En Prats va fer marxa enrere de cop, i va estar a punt d'aixafar una dona amb un cotxet de bebè. Va conduir el Tesla fins a una zona de càrrega i descàrrega i el va deixar allà. Va entrar per la porta principal. Rere el taulell hi havia una senyora malcarada i dos guàrdies de seguretat davant dels seus respectius ordinadors. El cretí que no li havia aixecat la barrera devia ser un d'aquells dos. Va atansar-se al taulell. Tenia ganes de pegar a algú. La senyora malcarada va mirar-se'l.

—Sí, miri, vinc al plató dos.

—Em deixa el DNI, si us plau.

No era cap pregunta. Aquella dona parlava sense cap tipus d'entonació. Va agafar el DNI d'en Kilian i va teclejar alguna cosa a l'ordinador sense mirar-lo. En Prats va intentar ser amable.

—M'han dit que avui tindrien la meva acreditació. Si m'ho pot mirar i així no he de molestar-la cada matí, em farà un favor.

La senyora malcarada no va fer cap gest. Era com parlar amb un cadàver.

—No ha arribat.

—Perdoni?

—No ha arribat l'acreditació. Ho ha de parlar amb el departament de producció.

La senyora va allargar-li una targeta de passi diari. Era un adhesiu de color groc amb el seu nom i DNI i un codi de barres.

—Passi pel detector de metalls.

En Prats va buidar-se les butxaques davant del vigilant, un senyor que l'únic esport que havia practicat a la vida era aixecar el braç per demanar un trifàsic de Baileys. Aquell home no estava preparat per fer front a cap tipus d'emergència de seguretat. En Prats va passar per sota de l'arc detector i va agafar les seves coses. El mòbil, la cartera, les claus. Va enfilar cap al plató. La Regina l'esperava a l'entrada.

—He hagut de deixar el cotxe en un càrrega i descàrrega aquí fora. Li podem dir a algun becari que me l'aparqui bé?

—Ara ho demano.

—Es pot saber per què no puc aparcar al pàrquing com tothom?

—Es veu que han de fer una gestió molt complexa. L'aparcament és només per a treballadors de la casa i tu no ho ets, i han d'agafar la plaça d'algú d'aquí que no la faci servir o estigui de baixa i posar-hi la teva matrícula.

—Aquesta és la gestió complicada? Canviar una matrícula?

—Es veu que sí.

—I la meva acreditació? Fa una setmana que treballo aquí.

—Ara t'ho estan mirant.

Va aparèixer una noia amb una carpeta.

—Hola, Kilian, soc la Montse de producció.

Era la Montse de producció.

—M'han dit que tens problemes amb l'acreditació.

—No és que hi tingui problemes, és que no me l'han donat. Fa quatre dies que la demano. No sabia que fos tan complicat que em donessin una targeta per passar per un control.

—Sí, mira, ja tenim les teves dades i només faltarà que et facin una fotografia.

En Prats es va mirar la Regina.

—No us en poden enviar una? No podeu agafar una foto meva qualsevol de Google Imatges?

—Te l'han de fer. Vas a recepció i allà et fan una foto i ja estarà.

—He d'anar a recepció ara?

—No, ara no perquè el noi que fa les fotos no hi és.

—I quan hi serà?

—Espera que t'ho miro...

La Montse es va mirar uns papers a la carpeta.

—Aviam, ara mateix té jornada reduïda i només fa el quaranta-dos per cent de les hores. Hi és de nou trenta-cinc a onze, i a les tardes fa de tres vint-i-dos a un quart de cinc. Més o menys.

—Més o menys?

—Hi ha dies que té rehabilitació i arriba tard.

—Teniu un discapacitat fent les fotos o com funciona, això? No hi ha ningú que em pugui fer una foto?

La Montse va acotar el cap. La Regina va endur-se en Prats a dinar al restaurant que havien muntat els del càtering a la zona de descàrrega de mercaderies. Era una cosa molt modesta, unes quantes cadires i taules de fusta col·locades davant d'una *foodtruck*. A la Regina li semblava que havia quedat molt bé.

—Què et sembla?

En Prats va emetre un gruny de semiaprovació. La Regina sabia que seria més fàcil calmar en Prats amb una cervesa al davant i va demanar dues canyes al nano de la *foodtruck*, un rastafari peruà molt eixerit que va aprofitar per demanar-los si volien menjar alguna cosa. Els va explicar molt orgullós que al menú del dia hi havia amanida de kale amb tahina de maple, bunyols de tofu i nabius, granola casolana i kashmiri biryani.

—No sé què és res d'això. —En Prats estava superat—. No sé què són els primers i què són les postres.

El rastafari va seguir somrient. La Regina va demanar amanida i kashmiri. En Prats va beure's mitja cervesa d'un glop.

—No sé si estic preparat per suportar aquesta gent. No recordava que era tan feixuc treballar amb funcionaris. Aquesta gent m'està xuclant l'ànima i no porto ni una setmana aquí.

—Tu delega-ho tot en l'ajudant de direcció. Evita parlar amb ells. Ja em menjaré jo els marrons.

—Gràcies. Per cert, qui és l'ajudant de direcció? Com es diu?

—Marçal Sunyer.

—Qui és?

—No en tinc ni idea.

—Però què ha fet?

—Res interessant. És un realitzador de la casa. Fa quinze anys que treballa aquí.

—Un mort en vida.

—És jove, crec. En deu tenir quaranta-cinc o quaranta-set.

—Un mort en vida.

El rastafari peruà va aparèixer amb la vianda. Es feia difícil saber quin plat era què. La Regina va demanar dues cerveses més.

En Prats no tenia temps per a cites i molt menys per a una relació estable, però de tant en tant quedava amb la Gigi, una actriu de vint i pocs anys que feia de secundària en una sèrie d'Amazon Prime que havia tingut un èxit espatarrant. Tenia un milió de *followers* a Instagram i això causava molts maldecaps a en Prats, perquè no deixaven d'atabalar-la pel carrer i als restaurants i no hi havia manera de sopar tranquil. Quan anaven al restaurant de l'Uliano, el seu italià preferit, era especialment molest, perquè en Prats l'únic que volia era gaudir dels fetuccini carbonara que preparava aquell home, que eren una menja divina, i no podia suportar que desenes d'adolescents s'abraonessin sobre la seva parella per fer-se una selfie. Tot i això, seguia quedant amb ella. La Gigi xerrava molt i tenia moltes inquietuds inconnexes: parlava de Jung sempre que podia i combregava amb el panafricanisme tot i ser filla de dos empresaris de Matadepera. Feia activisme pels drets dels animals —s'havia despullat davant d'un Kentucky Fried Chicken quan era adolescent— i era, si més no això era el que predicava per les seves xarxes socials, una convençuda feminista radical; fins i tot havia penjat una història a Instagram on hi apareixia ella amb una amiga pintant-se la cara amb regla. En fi, pensava en Prats, mentre fa això no es droga. La Gigi parlava molt i en Prats era d'aquelles persones que sap escoltar. Potser era més per desídia que per cap altra cosa, però el resultat era el mateix. A la Gigi li agradava que se l'escoltessin i en Prats necessitava desconnectar. De tant en tant parava l'orella i feia que sí amb el cap. Amb això acostuma a haver-n'hi prou per mantenir una relació.

—Saps que a Síria et poden tirar daltabaix d'un edifici per ser gai?

—M-mh.

En Prats tenia la boca plena però tampoc se li acudia cap resposta interessant davant d'aquella revelació. Seguia un fil de Twitter amb certa desgana on un tal PerreteNocillero80 encadenava curiositats sobre planetes del sistema solar. Pel que semblava, la pressió atmosfèrica de Júpiter era comparable a tenir setze mil cotxes sobre cada centímetre quadrat del teu cos.

—És de bojos. Vull dir, som al 2025 i et poden matar per ser homosexual, que és la cosa més natural del món.

—Natural no ho és —va dir en Prats sense aixecar la vista del mòbil.

—Com?

—Que ser gai no és natural. Normal segurament sí. Però natural no ho és.

—Quan t'has tornat un homòfob, tu?

En Prats va deixar l'iPhone sobre la taula.

—No té res a veure amb l'homofòbia. No soc gens homòfob. Només dic que ser gai és perfectament normal, però no és natural. Així, de base, la natura no contempla l'homosexualitat.

—Però si hi ha animals que tenen relacions homosexuals! N'està ple! Els bonobos mascles follen constantment entre ells.

—No comencem fent comparacions amb micos, si us plau. Els bonobos no porten texans ni fan la declaració de la renda. Parlo d'humans. Si hi ha mascles i femelles és perquè les relacions homosexuals no estan contemplades per la natura. Com a mínim no estan pensades amb finalitat reproductiva.

—O sigui que els gais són uns viciosos.

—No m'estàs entenent. Tu em dius que ser gai és natural i jo et dic que no. El que és «natural» és que les relacions sexuals es tinguin entre mascle i femella. Per això tu tens un forat i jo un cilindre de carn.

—Kilian, si us plau, quin fàstic.

En Kilian va tornar a agafar el mòbil. Feia estona que veia la gent de la taula del darrere assenyalant de manera gens subtil la Gigi. En qualsevol moment s'aixecarien i s'acostarien tímidament a la taula. Dirien: «Ei, hola, disculpa, ets la Gigi Merino?», i ella faria la seva famosa caiguda d'ulls i el seu somriure i assentiria amb el cap.

Van acabar de sopar i la Gigi va demanar a en Prats si li deixaria conduir el Tesla. En Kilian s'hi va negar en rodó.

—Me'l ratllaràs o xocaràs contra un fanal. I no té ni quinze dies.

—Vols venir a casa?

—Millor que no. Demà tinc rodatge a les set.

En Prats va portar la Gigi fins al seu pis i com que va trobar un lloc on aparcar ben bé a l'entrada va pensar que potser sí que podria pujar una estona. Va anar directament al lavabo perquè feia molt que s'estava pixant i quan va tornar al menjador es va trobar la Gigi despullada mirant el mòbil. Duia les sabates de taló posades, segurament perquè sabia que allò posava malalt en Prats. Van fer l'amor al sofà. En algun moment, mentre la Gigi estava estirada panxa amunt i en Prats se la follava agafant-li els turmells, ella va dir-li:

—Vigila on et corres que aquest sofà és de Marnie Range. Val quinze mil euros.

Allò va desconcentrar en Kilian. Potser l'hauria d'haver deixat conduir el Tesla fins a casa, va pensar.

L'endemà, en Prats va presentar-se a recepció de bon humor. Havia aconseguit aparcar el cotxe al pàrquing. Semblava que les dades del seu cotxe ja estaven introduïdes al sistema. La barrera va obrir-se a la primera i va poder deixar el Tesla ben bé al davant de l'entrada.

A recepció va dirigir-se a la senyora malcarada i li va demanar l'acreditació.

—Passi per aquí que en Ferran li farà la foto.

Un vigilant de seguretat va emergir de darrere el taulell. Era un obès gegantí, una piràmide de carn amb ulleres i evidents problemes de mobilitat. Devia pesar dos-cents quilos. Va dirigir-se a un petit despatx i va fer seure en Prats en una cadira. Aquell llamp de bèstia es va asseure rere un ordinador i va col·locar una webcam sobre el monitor. Va fer-li una indicació a en Prats perquè mirés a càmera, va clicar el ratolí i va aixecar-se. En Prats se'l va mirar.

—Ja està?

En Ferran va moure la papada. La senyora de la cara de pomes agres va teclejar alguna cosa i va donar-li una targeta a en Prats.

—Aquí la té.

En Prats es va mirar la targeta. Era un plàstic blanc amb el logotip de la Corporació i el seu nom mal escrit. Hi deia Kilian PRAT. No hi havia cap fotografia.

—No hi ha cap fotografia.

—Com diu?

—Que no hi ha cap fotografia. Aquest senyor m'acaba de fer una fotografia per a l'acreditació.

—La fotografia és per a la base de dades.

Li va passar pel cap apunyalar aquella dona amb un boli, però va decidir que no valia la pena perdre energia discutint amb ningú. Aquell matí es trobava prou zen per evitar qualsevol picabaralla. Va passar sota el detector de metalls amb una lleu sensació de derrota, però en general es podria dir que estava content. L'esperava un emocionant dia de rodatge. L'apassionava la seva feina: era un creador, un artista. En els quatre dies que portava allà havia descobert que la manera de sobreviure entre els funcionaris era evitar el contacte directe amb ells. Construiria una bombolla al seu voltant i s'isolaria durant les sis setmanes de rodatge. No semblava gaire complicat.

Al plató hi havia moviment: elèctrics penjant focus del sostre, un fuster serrant un tauler d'aglomerat, gent caminant amunt i avall amb certa predisposició a treballar —o si més no a fer-ho veure— i la Regina parlant amb algú de producció. En Prats era un home de rutines i necessitava començar amb un cafè a les mans. Sabia que per allà hi havia una màquina de cafè però encara es perdia entre els passadissos i no se la volia jugar. Va veure una noia amb una carpeta. Eren totes iguals. Podia ser la Montse o la Míriam. O potser la Mireia. Tampoc no era gaire bo per als noms, en Prats.

—Disculpa.

La noia de la carpeta va fer un somriure encisador. Aquelles noies sempre reien, no semblaven funcionàries.

—Digui.

—Em pots aconseguir un cafè?

Una ombra de dubte va aparèixer al seu rostre angelical.

—Hmm. Sí. Un segonet. Ho parlo amb producció.

«Un segonet». En Prats detestava la gent que deia «un segonet».

—Però tu no ets de producció?

—Sí, però m'ho han d'aprovar des de producció. Des de dalt.

—Com?

—Sí, em sap greu. Faig la gestió de seguida.

—Però és un cafè. Vull un cafè de màquina, eh, no un menú d'El Celler de Can Roca.

En Prats començava a apujar el to de veu. El somriure de la noia havia desaparegut feia estona.

—Perdoni, és que totes les despeses han de passar per producció. Sap greu, ja sé que només són trenta cèntims, però després a l'hora de quadrar ens pot fer anar malament.

—A veure si ho entenc: hem de justificar un cafè de màquina? No tenim un termo amb cafè? No estic demanant un barista fent *machiattos* al plató, però, hòstia puta, un mínim l'hem de tenir. No podem estar sis setmanes de rodatge omplint formularis cada cop que vulguem un puto tallat.

La noia de la carpeta estava a punt de plorar. La Regina va materialitzar-se al costat d'en Prats.

—Què passa?

—Es veu que s'ha de fer una instància al rei d'Anglaterra per poder demanar un cafè.

La noia de producció s'havia anat fent petita. Amb prou feines s'intuïen els seus ulls rere la carpeta. La Regina la va agafar per l'espatlla i la va fer fora del plató subtilment.

—Ja te'l porto jo, el cafè; ves a seure, fes el favor.

En Prats va seure a la cadira de director i va fer petar els dits. Ja havia arribat l'hora de demostrar qui manava allà. Era el primer dia de feina seriosa.

—Aviam, m'escolteu tots un moment?

Cap dels presents va sentir res. Tothom va seguir fent la seva feina. És cert que hi havia molt de soroll: el fuster estava fent anar la serra de disc com si no hi hagués demà i hi havia dos negres rient i bramant en francès. En Prats necessitava un megàfon. Per què no tenia un megàfon al costat de la cadira? Sí, era un estri obsolet que els directors ja no feien servir, però a ell li agradava. El feia sentir una mica D. W. Griffith. Estava clar que no servia de res cridar allà al mig d'aquell xivarri demencial, de manera que es va quedar assegut observant el seu plató. La Regina va aparèixer amb un cafè. El va agafar amb les dues mans i va pensar que potser hi havia possibilitats que el dia millorés.

—On és el meu ajudant de direcció?

—Deu estar a punt d'arribar.

—Pensava que els funcionaris respectaven els horaris.

Tots dos van fer una rialla breu.

En una entrevista a la televisió alemanya després de guanyar la Berlinale, van parlar una mica de tot. Sobretot de cinema, però també de cultura en general, teatre i música. En Prats no anava al teatre, ho considerava una manifestació artística morta i enterrada. En canvi, en sabia molt, de música, i sempre tenia alguna frase lapidària preparada per enervar els seus interlocutors.

—Només escolto Bach i Manowar.

—Caram, quina barreja.

—Bach ho té tot. No caldria escoltar res més. Ni a mi ni a ningú. Però també se li ha de donar una oportunitat a la resta de música. No soc un nazi de la música. Si fos un nazi de la música només escoltaria Bach. És el pare de tot. La humanitat va assolir el sostre amb Bach i des d'aleshores ha anat tot de baixada. Si poses la ràdio ara mateix, sentiràs cançons de dos acords i melodies que sembla que hagi escrit el meu gat caminant sobre un piano.

—I les lletres.

—Les lletres de les cançons que sento a la ràdio també les podria haver escrit el meu gat caminant sobre el teclat de l'ordinador.

Rialles del públic. El presentador aplaudeix.

—I l'altre grup que escoltes? Manowar?

—Manowar són una banda americana de heavy-metal. Van vestits de cuir i les lletres de les seves cançons són sempre iguals: parlen de guerrers medievals i d'espases i matar gent. El seu primer disc, *Battle Hymns*, és un resum perfecte de tota la seva discografia: lletres èpiques, guitarres poderoses i una cançó que comença amb una narració d'Orson Welles.

—Orson Welles?

—El mateix. El de *Citizen Kane*. Orson Welles posant veu a un disc de Manowar, la dada és correcta. Després es va morir.

»Van començar molt forts. Normalment el primer disc d'un grup acostuma a ser fluixet, però el *Battle Hymns* és una meravella. Encara se'ls intueix deutors del rock més clàssic, però l'últim track, que dona nom al disc, és sensacional, és el pilar sobre el qual s'edifica el *metal* èpic. Quan l'Eric Adams brama "sound of charge, into glory ride" visualitzes guerrers a cavall lluitant fins a la mort sota la lluna plena. Les imatges són tan concretes i poderoses... És alta literatura. Però si tu haguessis de començar a escoltar Manowar des de zero, et recomanaria el cinquè disc, que és una obra mestra: *Fighting the world*. A la portada hi surten tots quatre mig despullats, amb pantalons de cuir i espases. Semblaria que són el típic grup de *power metal* amb lletres de fantasia, però la primera cançó, que dona nom al disc, és una declaració d'intencions contra el sistema econòmic mundial. Quan l'Eric Adams canta "Fighting the world every single day, / Fighting the world for the right to play" està evocant directament Gramsci. Els Manowar reivindiquen la lluita de classe per la dignitat i pel seu dret a sentir-se part del món. Es tracta d'agermanar tots els pobles sota la bandera del metall. "Carry on", el tercer track del disc, és una meravella, un himne a l'amistat: "Carry on my sons forever, / Carry on when I am gone, / Carry on when the day is long, / Forever carry on". És pura poesia, una de les millors lletres de *metal* de la història. És pràcticament un haiku. Però la gent veu quatre homes amb bigoti vestits de sadomasoquistes medievals a la portada i es fa una idea equivocada del que és Manowar.

»Després d'aquesta obra magna van gravar *Kings of Metal*, que és el seu disc més madur. Tots els temes són d'una grandiloqüència que esparvera. Molta balada. Tot és èpic i medieval. "Kingdom come" i "Hail and Kill" són segurament les seves millors cançons; parlen de l'arribada d'un nou ordre mundial i de revertir el poder de les classes dominants. Les lletres d'aquest disc s'haurien d'estudiar a la Facultat de Sociologia. Als següents discs hi va haver certa davallada. *Louder than Hell* i *The Triumph of Steel* exploren camins que ja coneixem però els manca l'energia dels primers discos. Hi ha grans temes, per descomptat: "Master of the wind" és la millor balada heavy de tots els temps. Punt. Després van venir un parell de recopilacions i dos discos en directe força potents i la reedició de *Battle Hymns*, que és bàsicament una nova gravació dels temes antics amb un canvi a la portada: la del 1982 era una àliga musculosa de pedra i ara és una àliga musculosa d'or massís.

En Prats s'acomoda al sofà i busca l'ampolleta d'aigua que li han deixat a la taula del costat. Beu un glop llarg mentre l'entrevistador remena les seves targetes buscant alguna pregunta per fer.

—Eeeh... Parlem de cinema? Què ens recomanaries del que hi ha en cartellera? Que no sigui la teva pel·lícula, és clar.

Rialles del públic.

—Res.

Més rialles del públic. El presentador aplaudeix.

—*Wunderbar!* Res?

—El cinema actual és banal, un insult per a la imaginació. No aporta res a l'intel·lecte. Tot són pel·lícules de superherois i de *Star Wars*. Cinema per a mainada o per a indigents mentals. Qualsevol adult que vagi a veure aquest tipus de cinema és perquè té un problema psíquic o traumes infantils. Si t'agrada *Star Wars*, o bé ets idiota o bé un nen de set anys.

—A mi m'encanta *Star Wars*!

—Doncs fas molt bones entrevistes per ser un nen de set anys.

Rialles i xerinola. El presentador riu i aprofita per acomiadar el convidat.

—Kilian Prats, moltes gràcies! Un fort aplaudiment.

Aplaudiments. Talla a publicitat.

El departament de comptabilitat el porten dos autistes, en Fernando i en Llorenç. No són autistes metafòrics, estan diagnosticats. Autisme sever, no pas un simple TEA. No són aquells asperger que tothom té a la feina que l'únic problema que suposen és que només et saludarien si els apuntessis amb una pistola a la cara. En Fernando i en Llorenç estan tutelats, no se'ls pot deixar sols. Es podrà en un futur, però no ara. Són autènticament disfuncionals. No parlen mai. No saben com va la màquina de cafè, i si, per aquells atzars de la vida, es quedessin sense paper de cul quan estan al vàter no sabrien com actuar. Es quedarien allà asseguts esperant la mort.

A en Fernando el van cascar de valent quan era petit. Fins i tot el professor d'educació física.

Com que el pobre encara no estava diagnosticat, l'home aquell, exmilitar, pensava que li prenia el pèl i de tant en tant li fotia un calbot. «Si un hàmster ho pot entendre, tu també ho pots entendre, Fernando», li deia quan s'equivocava de direcció fent curses d'obstacles. Des d'aleshores, qualsevol ordre o crit fora de lloc el deixa paralitzat.

Tots dos són veritables calculadores humanes. No se'ls escapa res. Saben si el 23 de setembre de 1997 va ser un dilluns o un dimarts. Recorden fulls d'Excel de tres-centes columnes de l'any 2003. Quan troben un número primer deixen anar un xisclet ben agut i riuen. Si algú demana alguna cosa en veu massa alta, s'espanten. Si els estors venecians no estan oberts i alineats, s'espanten. Si algú penja l'americana malament, s'espanten.

Tot ho entenen de manera literal. La porteta del sarcasme està oberta vint-i-quatre hores al dia, set dies a la setmana. Un dia en Carles Sánchez va passar per davant de comptabilitat i es va trobar un paio que li devia cinquanta euros. Va dir-li en broma: «Si no em tornes la pasta et mataré», i en Fernando i en Llorenç van saltar de la cadira i van posar-se a xisclar. Un d'ells va tenir la sang freda de trucar a la policia, però no va saber què dir quan l'operadora va contestar. Van trigar ben bé una setmana a explicar-los que allò era un malentès i que en Carles no mataria a ningú. Des d'aquell dia està prohibit cridar pel passadís de davant de comptabilitat.

(INT. RESTAURANT - NIT

El detectiu està assegut a la taula de sempre. Va vestit amb una gavardina i una mena de caputxa de gat japonès. Se'l veu intranquil. Juga amb un got i fa petits glops d'aigua. S'obre la porta del restaurant i entra l'ADVOCAT.)

ADVOCAT

M'ha costat trobar-te. Aquesta ciutat està plena d'homes-gat.

DETECTIU

Ja m'ho penso.

ADVOCAT

Crec que he trobat alguna cosa. Hi ha un paio, un tal Charlie. És un actor xinès. Està rodant una pel·lícula.

(Mentre parla, l'advocat li ensenya una fotografia al detectiu. PLA DETALL de la foto on hi veiem un home d'uns seixanta anys, occidental però amb una ratlla d'eyeliner als ulls com si volgués imitar els trets orientals de manera molt matussera.)

DETECTIU

Aquest home és xinès?

ADVOCAT

Això diuen. Feia de detectiu, com tu, i havia de trobar una petita estàtua de jade. Et sona? L'única pista que tenia era un lloro que parlava xinès i cantava cançons.

DETECTIU

No em sona.

ADVOCAT

És tot el que sé. Potser només és un muntatge absurd. En fi. No ho sé. Tu ets el detectiu.

(Hi ha uns instants de silenci. L'advocat fuma. El detectiu beu mentre es mira la fotografia. Està pensant alguna cosa.)

DETECTIU

N'estàs segur?

ADVOCAT

De què?

DETECTIU

De res. No importa.

Assajaven moviments de càmera. A en Prats li agradava fer assajos mecànics de totes les escenes abans fins i tot d'assajar amb els actors. Volia que la part tècnica estigués totalment controlada abans de fer passar els actors pel tràngol de l'assaig. No li agradaven els actors, però encara li agradaven menys els operaris.

—Aquí vull un subjectiu d'en Joel mentre puja les escales. No vull *steady*. Vull moviment. El farem càmera en mà, *okey*?

Es va sentir un crit de fons. Venia de molt lluny però es va entendre perfectament:

—Si vol càmera en mà que l'agafi ell.

Uns quants membres de l'equip van riure per sota el nas. L'operador de càmera va intentar aguantar-se el riure, va abaixar la mirada amb un punt de vergonya i després es va mirar en Prats.

—Vaig estar un any de baixa per una distensió de l'espatlla i encara vaig a rehabilitació. El metge m'ha dit que sobretot no carregui pes.

—Però ets l'operador de càmera.

—És el que hi ha —va fer mentre encongia les espatlles lesionades.

En Prats va esbufegar i va mirar al seu voltant.

—Hi ha algun càmera que no estigui impedit? —I va afegir en veu baixa—: No sé per què pregunto.

Aquell matí havien quedat amb el productor executiu. Herr Produktor, li deien. També li deien rata podrida. De jove havia militat al partit comunista, però ara era multimilionari, i quan ets multimilionari és molt complicat ser comunista. Era alt, gairebé dos metres, tot i que caminava geperut i això l'igualava a la resta de catalanets de metre setanta-cinc que pul·lulaven per allà.

Normalment, en Prats no acceptava que ningú veiés una sola escena de la pel·lícula fins que no estava acabada, però en la seva situació no podia dir que no a res. Era oficial: estava collat de mans i peus. Segons el contracte, que encara no s'havia llegit, un cop per setmana havia d'estendre una catifa vermella i rebre Herr Produktor i explicar-li com anava el rodatge. A en Prats no li agradava menjar-li el cul a aquell vell, però seguia sent el director i tenia plens poders. O almenys això pensava.

Herr Produktor va arribar a la sala acompanyat de dues secretàries que es limitaven a escriure tot el que deia aquell home als seus iPads i del seu assistent, un homosexual amb els cabells blancs que no devia tenir més de trenta anys. Sempre enganxat al seu costat, talment com si fos el lloro d'un pirata, hi havia en Juanito. Ningú sabia què feia exactament en Juanito, un noi/home amb paràlisi cerebral que anava amb Herr Produktor a tot arreu. A en Prats allò el feia estar desubicat. Tot primer va pensar que era el seu fill, però després li van dir que era el seu assessor. Li penjava un fil de bava del llavi i tenia les mans corbades cap endins com un petit tiranosaure.

Van acabar el visionat de la seqüència i es van produir uns segons de silenci incomodíssims. Algú va escurar-se la gola. El productor tenia la mà a la barbeta i les seves pupil·les opaques, clavades en algun punt indeterminat de la sala.

—No ho sé —va fer el gegant.

En Prats va incorporar-se.

—Què passa?

—No ho sé, noi. Hi falta alguna cosa.

—El diàleg no és definitiu. Hi ha coses que vam improvisar perquè...

Un so gutural el va interrompre. Era en Juanito, l'assessor retardat, que intentava mormolar alguna frase intel·ligible. Herr Produktor va atansar-s'hi i va parar l'orella. Era impossible sentir res del que li deia en Juanito, però el productor feia que sí amb el cap.

—Potser un negre —va dir Herr Produktor.

—Com?

—Podríem posar-hi un negre. Un negre i un maricon, i així l'escena ja em quadraria més.

L'assessor va emetre una mena de parrup. En Prats va incorporar-se *més*.

—Perdoni? Què vol dir «posar-hi un negre»?

—Nano, la gent no vol invents. La gent vol veure el que hi ha al carrer i a la tele, i ara tot són negres i maricons. No costa gens. I així assegurem el *tiro*.

—Em sembla que...

El retardat va balbotejar alguna cosa i Herr

Produktor va fer que sí amb el cap. Sense deixar que en Prats acabés de queixar-se, el gegant va mirar l'hora al seu Bell & Ross i va marxar acompanyat d'aquell seguici de *freaks*. En Prats es va mirar la Regina i la Regina se'l va mirar a ell. Quan aquella gent va haver marxat i després d'uns segons de silenci prudencial, la Regina va fer la cara de males notícies i va acostar-li el mòbil a en Prats. Tenia obert un correu electrònic de la Corporació.

—Què és això? —En Prats estava massa atabalat per poder llegir.

—Es veu que com que tenim una subvenció de l'Ajuntament una de les clàusules que van imposar és que faran una auditoria de gènere al guió.

—Què?

—Que el guió se'l mira una comissió d'experts en qüestions de gènere per veure si s'adequa als estàndards de sensibilització actuals.

—Fa estona que no sé de què parles.

—Que et diran si hi ha massa personatges masculins a la pel·lícula o si en alguna escena hi falta inclusivitat o hi ha incitació a l'odi.

—És una pel·li de detectius, Regina. Només

hi ha incitació a l'odi i manca d'inclusivitat. Els has enviat el guió?

—I què volies que fes?

En Prats es va mossegar els artells. Necessitava nicotina.

—Si hem d'anar justos de temps no vull fer aquesta pel·lícula. Necessito tot el temps possible. Fa falta temps per somiar. Estem construint somnis. Volem somiar, volem imaginar. No es pot somiar amb presses. Ho enteneu?

—Tens quatre setmanes.

—No m'enteneu. Ja ho veig. Sou funcionaris, funcionaris de l'audiovisual. No us interessa la màgia. Però jo faig art. I l'art no hi entén, de *timing* ni de calendaris ni de merdes d'aquestes.

—Quatre setmanes.

—Me'n vaig.

En Prats es va aixecar de la cadira. Sempre li funcionava, aquella tàctica. Ho havia fet mil vegades i sabia coordinar-se bé amb la Regina, que en aquell precís moment s'aixecava també, posava els palmells de les mans sobre la taula i deia amb el seu registre més greu:

—No podeu deixar que el projecte se'n vagi a la merda només per dues setmanes. Només us estem demanant temps.

—Si li donem dues setmanes més el pressupost es dispara. Vam pactar un preu i ja ens estem gastant el doble per culpa de les pretensions d'aquest home. Saps quant ha costat la grua? Cent vint-i-cinc mil euros. Una puta grua que vol per a un pla. Per què necessita aquesta grua?

—Has guanyat la Berlinale, tu? Doncs no facis aquestes preguntes.

—Digue-li que li donem dues setmanes més si torna la grua.

La Regina va posar-se una mà al front. Va plantejar-se la possibilitat de negociar-ho amb en Prats. Sí, ho podia fer. No era escabellat, però ja intuïa la resposta. Tot i així, va sortir al passadís. En Prats fumava. Quan estava nerviós podia fumar una cigarreta en dues pipades.

—Què diuen?

—Que renunciïs a la grua per al pla final i et donen dues setmanes.

—I una merda.

—Mira, si vols ho puc lluitar, però estaria bé que no tibéssim tant la corda.

—Aquesta gent no té ni puta idea de cinema. Tu els has vist? Tu has vist la merda que han produït aquesta gent? No sé ni per què he acceptat treballar aquí. Em posen histèric. No hauria de cedir ni un mil·límetre, perquè igualment després diran que m'he venut al sistema i em titllaran de cayetano i terraplanista.

—Vols tenir sis setmanes o no?

—És clar que sí.

—Ens oblidem de la grua?

En Prats va fer una pipada tan forta que va fumar mig filtre. Va fer un gest amb la mà i la Regina va tornar al despatx.

—Torneu la grua. Ja veurem com ens ho maneguem.

—Tracte fet. Teniu sis setmanes. —El funcionari va fer una ganyota que potser era un somriure. Aquella gent era indesxifrable.

Els productors van sortir de la sala com un estol de corbs. Un d'ells va acomiadar-se tímidament d'en Prats, que va afusellar-lo amb la mirada tot i anar amb ulleres de sol.

—El productor ens havia convidat a tots a menjar hamburgueses de Kobe en un restaurant caríssim que acabava d'obrir en Jordi Cruz amb uns germans coreans. Era el típic restaurant car: poca llum, parets de wengué i un eclecticisme decoratiu repugnant: pòsters francesos dels anys trenta, cartells de pel·lícules de kungfu, canelobres, ciris pasquals, un nan de jardí amb un bany d'or..., en fi, allò era esgarrifós.

Van portar la carta, però Herr Produktor va fer una mena de gest d'emperador romà i el cambrer va fugir espantat. Va aparèixer un altre cambrer, més desimbolt, i va cantar algunes recomanacions —de fet, només una: l'especialitat de la casa, l'hamburguesa de Kobe extra premium no-sé-què, feta amb carn de la famosa vedella de Kobe—. Ens va explicar la història aquella que sabíem tots: que a aquelles vaques els feien massatges, que hi anava un massatgista un cop al mes i les magrejava. Tenien una dieta específica dissenyada per un biòleg suís i només menjaven una herba molt concreta. Una bajanada rere l'altra. Les sacrificaven d'una manera específica, també, però les sacrificaven al cap i a la fi. Vull dir, que els vedells tenien una bona vida però acabaven passant pel ganivet.

El cas és que Herr Produktor va demanar vuit hamburgueses especials —érem vuit—. El cambrer va informar-nos dels al·lergens però allà ningú era al·lèrgic excepte, potser, la Regina, que ja saps que té molta paranoia amb el llamàntol i les nous de macadàmia.

Total, que porten les hamburgueses. Res de l'altre món. Normals. N'he menjat de millors. Em vaig quedar amb gana, i com que em feia vergonya demanar més menjar, vaig beure'm tres cerveses per enganyar l'estómac. Tothom fentli la rosca al productor. En fi. Al seu costat s'hi havia assegut un amic seu, un galerista famós, em penso que el coneixes. Anava ben torrat; s'havia fotut dues ampolles de Château Lafite. Parlava molt fort. Un home molt impertinent. Jo volia marxar feia estona però ningú es movia de la taula. Només xerrava ell, explicant anècdotes passades de voltes, acudits sexuals molt incòmodes. Va demanar el compte i el cambrer va dur una capsa daurada. Va haver-hi un breu estira-i-arronsa entre Herr Produktor i el galerista per veure qui pagava la nota i finalment el galerista va quedar-se la capsa. La va obrir i va quedar blanc de l'ensurt quan va veure el compte. Va treure una American Express, va passar-la pel datàfon del cambrer i va deixar anar un bitllet de cinquanta euros dins la capsa de manera molt ostensiva. Ja t'ho he dit, un home molt groller. Va picar de mans i es va aixecar de la taula com si no hagués passat res. Jo vaig aprofitar per anar a pixar ben ràpid i fugir del local, però el productor se'm va avançar. Té les cames molt llargues, aquell home. Quan estava a punt d'entrar al lavabo el va aturar el cambrer simpàtic i li va dir: «Perdoni, li comento, resulta que com que aquest restaurant és d'inspiració americana tenim la política que s'ha de deixar el deu per cent de propina i el seu company només ha posat cinquanta euros». Herr Produktor va excusar-se i va treure un feix de bitllets de la butxaca. Va deixar-li anar vuit-cents euros allà mateix. T'ho juro. Mil euros l'hamburguesa. T'ho pots creure? I me la vaig fotre en dues queixalades. La mare que em va parir, si ho arribo a saber me la menjo amb forquilla i ganivet. Quin desastre. Quan vaig acabar de pixar vaig veure que estaven fent un whisky a la barra i em vaig escapolir per darrere. No vaig dir ni adeu. Al carrer del davant hi ha un bar turc que es diu Los Amigos. Vaig entrar i em vaig demanar un kebab. Tres euros. Boníssim.

Mentre escoltava alguna variació Goldberg va sonar el telèfon. En Prats no sabia com configurar-lo —el cotxe era ben nou—, i després de dos tons el mòbil despenjava per defecte, de manera que havia de contestar absolutament totes les trucades, per conflictives que poguessin ser. Aquella vegada, per sort, era la Regina.

—Què ha passat? —va fer en Prats fingint un lleu interès.

—Hauríem de veure'ns al despatx.

—Quin despatx?

—Ara tenim despatx propi. Ens han deixat uns barracons al pati del magatzem.

—Carai, uns barracons al magatzem. No ens estem de res.

La Regina era impermeable als comentaris sarcàstics d'en Prats.

—Quan podràs venir?

—Tinc un dinar. És urgent?

—Sí.

—Vinc.

En Prats va enfilar la ronda de Dalt, que estava, com de costum, col·lapsada per idiotes. La gent no sap conduir. La gent no sap moure's, en general. Conductors fent maniobres massa lentes o massa ràpides. No hi ha terme mitjà. Les persones viuen com condueixen. N'hi ha que tenen massa por i n'hi ha que no tenen clar el concepte de l'espai i circulen com si no els pogués aixafar un camió de vuit eixos en qualsevol moment. Sempre que hi ha un accident, tant la víctima com el culpable surten del cotxe amb aquella cara de cretins, de no saber què ha passat. Oh, però si jo anava lent. Oh, però si jo anava pel meu carril. No tenen mai raó. Un camió va incorporar-se a la via sense cedir el pas. Era un vehicle descomunal, carregat de roques o de ves a saber què. «Àrids Fugarolas», hi deia, al remolc. En Prats el va esquivar per poc mentre es preguntava per què sempre hi ha camions transportant material de construcció. No calia construir res més. El món ja estava *fet*. Passava per l'extraradi de la ciutat i observava blocs i més blocs d'edificis, la majoria desocupats i a mig fer; la resta eren estructures ortogonals farcides de famílies supernombroses i roba groguenca estesa de mala manera sobre llarguíssimes línies de filferro rovellat.

Però la ciutat seguia creixent. Allà on mirava hi havia camions buidant formigó i grues col·locant bigues d'acer. El planeta estava en un procés constant de construcció, va pensar. Era massa tard per aturar la maquinària. En Prats va llegir en algun lloc que cada minut naixien tres-cents nens. No recordava quanta gent moria cada minut però estava segur que la gràfica de creixement de la humanitat tendia cap a infinit. S'havien de construir més cases, més escoles bressol, més cotxes, més centres comercials, més hospitals, més patinets elèctrics, més bicicletes de la Hello Kitty; calia més plàstic, més petroli, més bolquers per a adults amb incontinència urinària, més llet ecològica infantil per a nens elaborada amb aliments bio. Que el món era una gran fàbrica i nosaltres uns pobres operaris era la trista conclusió a què havia arribat feia uns anys. De totes maneres, en Prats tenia l'autoestima prou ferma per saber que ell no era un obrer. Ell estava per sobre de la gran majoria perquè ell era un artista. Un artesà, si vo-lies. Un autor, sí, d'això n'estava segur. Si Déu ens havia col·locat en aquell planeta era perquè féssim alguna cosa de profit. En Prats no creia en Déu, no en el sentit d'un barbut amb túnica que feia humans amb argila, però estava conven-çut que alguna força creadora sobrenatural tei-xia els designis de la humanitat i que malbaratar la vida treballant d'alguna cosa convencional era una frivolitat imperdonable.

Una altra trucada. Era en Cabanes, un amic amb qui feia temps que no parlava. De tant en tant s'enviaven notes de veu i parlaven de te-mes banals, però també del futur de la humani-tat. Ara no tenia ganes de contestar, però ja era tard. Aquell cotxe anava per lliure.

—Kilian Prats, amic meu estimat. Com vas? —En Cabanes no esperava mai resposta, tenia massa coses per explicar—. Mira, aquesta set-mana no viatjo, perquè les tres anteriors vaig ser fora i les tres següents també viatjaré; a Sofia i després a Miami, o sigui que ja em diràs. Ja saps que m'adapto a la teva agenda de merda. Ha ha ha! Escolta'm una cosa: tema criptomonedes i metavers. Volies parlar-ne, no? Doncs en tinc per escriure un llibre sencer. Podries fer-ne una pel·lícula. No saps la quantitat de gilipolles del Reial Club de Golf del Prat i d'altre personal d'aquest *ambientillo* que s'han enganxat els dits o bé estan invertint com a bojos en això del metavers. Mira, quan l'altre dia en SUCAMBERG va fotre fora el vint-i-cinc per cent de la seva plantilla ja els vaig veure tremolar. En fi, ja quedarem. I el que em vas dir d'Andorra, completament d'acord. Acabarem tots vivint allà. He estat mirant uns terrenys. Cases collonudes amb seguretat privada, guàrdies amb escopetes i espai al darrere per fer una plantació de maria, de coca, del que vulguis. Tu, ja ens truquem.

En Prats no havia pogut dir res. Potser en Cabanes pensava que estava parlant amb la bústia de veu. Li era igual. La trucada havia durat el que durava el trajecte fins al plató.

Va arribar al pàrquing de la Corporació. Va passar sota l'arc detector de metalls a recepció i va enfilar cap als barracons que hi havia al darrere, situats en una gran extensió de ciment prop dels magatzems. Efectivament, hi havien muntat un despatx. Era una estructura modular de vint metres quadrats, de color gris i finestres petites i amb barrots —qui sap per quin motiu—. A dins hi havien entaforat taules rectangulars Melltorp d'Ikea i cadires d'oficina de les més barates. Al fons de tot hi havia una tauleta més petita amb una cafetera, ampolles d'aigua i una nevera ridícula. Quatre membres de l'equip de producció que en Prats no s'havia preocupat de conèixer hi estaven treballant. Si més no, s'estaven davant dels ordinadors, fent-ho veure. La Regina va aixecar-se de la cadira quan va veure entrar en Prats.

—No els ha agradat la cançó.

—Com?

—La cançó per a l'escena del pla subjectiu del cotxe. Volen que en posis una altra.

—I una polla.

La Regina va arrufar el nas i va conduir-lo a una petita sala d'edició que havien muntat al costat del despatx. A dins hi havia un ordinador amb una pantalla de seixanta polzades que feien servir per visionar i editar les escenes del dia. Davant de l'ordinador hi havia l'Humbert, un dels pocs treballadors que havia pogut rescatar del seu equip original, amb una infusió de gingebre a les mans.

—Posa-l'hi —va ordenar la Regina.

A l'escena hi sortia el detectiu arribant tard a classe amb la seva filla. Travessava una superilla del Poblenou amb el cotxe, esquivant un infern de motos, bicicletes i persones. Es veia el cap del detectiu des del punt de vista de la filla. El cotxe avançava entre vianants i vehicles. En algun moment estava a punt d'atropellar un minusvàlid. La gent l'insultava i li llançava coses al parabrisa. L'escena era caòtica i divertida i il·lustrava perfectament el caos diari que vivia el detectiu. Tot funcionava encara més amb la música que havia escollit en Prats, un *solfeggio* en do menor interpretat per l'Eugen Cicero que era tot swing i bogeria controlada.

—Quin és el problema? L'escena és perfecta. La música és perfecta. No pot ser una altra cosa.

—Han dit que està bé, però que la cançó ha de ser més moderna.

—Em sua la polla el que diguin.

—No és una recomanació.

En Prats es va mossegar el llavi inferior. Volia matar algú.

—Quina cançó volen?

La Regina va fer un gest a l'Humbert i aquest va maximitzar una finestreta. Era la mateixa escena, però, a un volum tronador, sonava música urbana, potser era trap, drill o phonk, era difícil d'etiquetar perquè a en Prats tota aquella música li semblava igual. Va escoltar els primers segons amb els ulls esbatanats.

—Què és això? Quina santíssima merda és aquesta?

—És d'un tal Kidd Keo.

—No entenc res. Què collons diu?

L'Humbert va girar-se, impertorbable, amb la tassa de gingebre i el seu posat zen.

—Diu: «Tengo mary, coco, Fendi, tengo el brodie en el trap».

A en Prats li sortien els ulls de les conques.

—Què vol dir?

—No ho sé.

—Però en quin idioma parla?!

—Castellà. Suposo.

En Prats va sortir de la sala d'edició. La Regina el seguia tot darrere i va intentar rebaixar la tensió.

—Kilian, només és una cançó. Si t'ha d'agafar un ictus cada cop que ens fan canviar alguna cosa no acabarem mai el rodatge.

En Prats buscava el paquet de tabac dins l'americana. Estava suant. Va intentar parlar però no podia. Va seure en un banc. Les mans li tremolaven. La Regina va acostar-li una cigarreta als llavis i l'hi va encendre.

—Kilian, si us plau. Crec que el millor que pots fer és prendre't aquest rodatge amb filosofia o et tornaràs boig. Digues que sí a tot. No et facis mala sang. Acabem la pel·lícula, cobrem i anem a fer una altra cosa. Ja tindràs temps de fer la teva obra mestra en un altre moment.

Un parell de funcionaris fumaven rere una furgoneta, aliens a tot. Ni parlaven. A en Prats el va relaxar aquella imatge d'absoluta indolència. Potser el que havia de fer era el que deia la Regina: oblidar-se de tot, actuar per inèrcia. Convertir-se en un espectre i sobrevolar aquell rodatge sense fer-se mal. Ja arribarien temps millors. Ja tindria la possibilitat de dirigir una pel·lícula sense haver de donar explicacions a ningú. Un colom va aturar-se sobre el barracó i va cagar-se al terra del pàrquing. Els funcionaris van acabar de fumar i van tornar a dins; seguirien sense fer absolutament res fins que acabés la jornada.

(EXT. CARRER - DIA

El DETECTIU i l'AMANDA estan asseguts en un banc del carrer.)

AMANDA

N'està segur?

DETECTIU

Totalment. La nota és autèntica.

(Veiem un pla detall d'un paper que té el detectiu a les mans. Escrit amb lletres de colors, amb cal·ligrafia de nen petit, hi podem llegir «HEM SEGRESTAT EL TEU GERMÀ».)

AMANDA

Déu meu! I ara què li faran a en Jordi?

(El DIRECTOR s'aixeca de la cadira. Veiem que el banc està col·locat davant d'una pantalla verda de croma.)

DIRECTOR

Talleu, hòstia puta. Amanda, podem parlar?

(L'EQUIP TÈCNIC entra en escena. Una MAQUILLADORA s'acosta al detectiu per repassar-li la cara. L'Amanda i el director se'n van rere unes escales.)

DIRECTOR

Què ha passat?

AMANDA

Perdona, no he estat bé.

DIRECTOR

No gens. Què eren aquests plors de pa sucat amb oli? No estem rodant un serial veneçolà.

AMANDA

Perdona, de debò.

DIRECTOR

Entre tu i en Joel m'esteu matant a disgustos.

(El director fa un senyal a l'Amanda perquè torni a escena. S'encén una cigarreta. De lluny, rere un tècnic de llums, el NEN OBÈS es mira el director i aixeca el polze cap amunt.

TALLA A NEGRE.)

El productor havia aturat el rodatge feia unes hores i en Prats volia assassinar algú. Volia rebentar les parets a cops de puny. Volia arrencar el cor d'un nen africà i menjar-se'l. Va sortir de la sala i es va trobar el nen obès.

—Prats, què passa, tio? T'estan fent el llit, eh?

Bang bang bang. Tres trets a la cara del nano. Se'ls mereixia, ja ho crec que sí. Però en Prats no duia cap pistola a sobre. Potser n'hauria de comprar una, va pensar.

Va agafar el Tesla i va refugiar-se a casa, però les parets li queien a sobre. Va pensar que potser estaria bé anar a fer un passeig a peu per la ciutat, de manera que es va posar el xandall de no-comprar-droga i va voltar pel Born una estona.

Recordava aquells carrers de quan era jove, però tot era diferent. Les botigues amb encant ara eren franquícies. Però no va caure en la trampa de la nostàlgia: les botigues amb encant sempre havien estat en mans d'empresaris malvats i el tracte amb el consumidor era tant o més inhumà. Va entrar dins un supermercat ecològic a comprar una coca-cola però allà no hi havia coca-cola. Va adonar-se'n ben bé quan travessava la porta. Va fer un cop d'ull a la nevera: beguda de soja, beguda de civada, una cosa anomenada kombucha i sucs *cold-press*. En Prats només volia una coca-cola. Mentre intentava fugir d'allà va veure una parella d'homosexuals que llegien els ingredients d'un tetrabric.

—Com es diu *alpiste* en català?

—Alpist?

—Ha, ha! Ets idiota, Bruno!

En Prats va sentir un calfred i va dirigir-se al *colmado* que hi havia a l'altra banda del carrer. Va comprar una llauna de coca-cola i un paquet de tabac i va seguir caminant, fugint de les persones. Però cada cop hi havia més gent. Aquella ciutat estava infestada de civils.

—Tenim un problema amb en Joel.

La Regina tenia la veu tremolosa, però potser era el telèfon. A través de l'altaveu del mòbil tothom sembla nerviós. A més, la Regina feia segles que no estava nerviosa. Aquella dona tenia glaç a la sang. Quan treballava a publicitat era el terror dels equips de rodatge. Despatxava personal al més petit senyal d'incompetència, i sempre amb una serenor inhumana. No hi havia res que la pogués alterar. Durant la gravació d'un anunci d'una nova beguda energètica infantil va estar-se quaranta-vuit hores sense dormir. La idea era simple: un nano —un actor holandès de disset anys però que passava perfectament per un nen de primària— estava en un skatepark amb els amics, escoltaven música, feien un vídeo de TikTok i bevien aquell beuratge esgarrifós de color groc fluorescent. La Regina va tenir el cap de màrqueting de Monster Beverage al darrere durant tot el rodatge, un gordo malparit que es queixava de tot: «que begui més a poc a poc», «no s'ha vist bé la marca», «els cabells li tapen els ulls», «no ha pronunciat bé la erra». Allò era insofrible, però la Regina aguantava el xàfec, impertèrrita. Quan feia dos dies que gravaven, abans de fer l'últim pla, aquell maliciós fill de Satanàs va dir que no li agradava com el nen subjectava la llauna i que potser haurien de gravar tota l'escena des d'un altre angle. La Regina va esbufegar. Va ser l'únic gest de desacord que va fer en aquells dos dies de rodatge infernal. Havia aguantat el que no estava escrit, però el puto gordo suat de màrqueting va veure perillar la seva masculinitat i va etzibar-li «quin mal caràcter». El director de fotografia va mirar-se la Regina de cua d'ull, espantat, esperant que en qualsevol moment li clavés un bolígraf a la caròtida a aquell home repugnant. Però ella es va limitar a girar-se lentament. Va apropar-se molt a la cara d'aquell senyor, tant que podia veure-li bategar els capil·lars de les galtes, i va xiuxiuejar-li: «Farem aquest pla encara que m'hagin de portar a urgències». I va afegir: «No m'acabaràs la paciència, puto gordo menjapolles». L'home va empal·lidir de cop. Mentre canviaven les càmeres per al nou enquadrament, la Regina va dir-li a l'ajudant de producció que demanés una ambulància. Quan el director va dir «Talleu, hem acabat», la Regina va caure llarga a terra. Els paramèdics van posar-li oxigen i se la van endur a l'hospital de pet. Va estar-s'hi un parell de dies amb un quadre clínic d'ansietat, taquicàrdia i insuficiència respiratòria.

—Què passa amb en Joel? S'ha mort? —En Prats entenia que si la Regina havia trucat per dir que tenien un problema és que es tractava de força major.

—Millor que vinguis.

Quan va arribar a plató, en Prats no va apreciar que hi hagués cap problema. Els operaris treballaven —és un dir— i xerraven amb calma. Els dos elèctrics francòfons esmorzaven una mena de pasta que feia una fortor terrible de curri. En Marçal parlava amb el director de fotografia. Va veure arribar en Prats i s'hi va atansar.

—Què passa?

—Això dic jo. Què passa?

—En Joel s'ha enfadat —va fer en Marçal, sense donar-hi gaire importància.

—On és la Regina?

En Marçal va assenyalar cap a la dreta. Allà hi havia la sortida cap al pati on tenien muntats els camerinos. Els crits se sentien des de fora. En Prats va entrar i es va trobar la Regina asseguda en una cadira, amb els braços plegats, aguantant la bronca d'en Joel.

—No i no, Regina, hòstia. Jo no puc treballar en aquestes condicions. I mira que us ho vaig dir el primer dia. He deixat una obra de teatre a mitges perquè pensava que éreu gent seriosa. Ho he deixat per vosaltres, eh? Però per aquí no hi passo. No puc. I mira que he treballat amb gent d'aquesta casa durant anys, eh? Vaig treballar-hi i ho vaig deixar perquè això s'havia convertit en can Pixa. Però hi he tornat. Per vosaltres, perquè si crec en el projecte m'hi implico. Vinc a treballar amb tota la meva bona fe, pensant que ha canviat, que sou gent jove i, collons, que en Kilian és un *fenòmeno*, i em venia molt de gust treballar amb ell, però ja veig que seguim amb les mateixes merdes. Jo així no puc, i m'estimo més deixar-ho ara perquè si això segueix així, ens enfadarem, i molt. I no vull, no en tinc ganes, hòstia.

En Prats no sabia d'on baixava tot allò. En Joel va advertir que el director havia entrat al camerino i va abaixar lleument el to de veu.

—Mira, Kilian, em sap greu. Però no puc.

—Però...

—No puc —va dir mentre sortia per la porta.

La Regina va explicar-li el que havia passat. Pel que semblava, en Joel havia arribat molt creuat a plató, ningú no sabia per què; estava creuat i prou, problemes personals, res a veure amb la pel·lícula. L'equip tècnic l'havia rebut amb somriures, com sempre, perquè no volien problemes, i menys amb en Joel Joan emprenyat. És a dir, que no havia passat res fora del normal. En Joel es va asseure a llegir-se el guió i va veure que a la taula del costat algú hi havia deixat unes pàgines de l'*storyboard* de l'escena. Havia sigut en Marçal, segurament, però allò era igual, el mal ja estava fet. En Joel es va mirar l'*storyboard* i va esclatar en còlera. S'havia posat dret i havia començat a escridassar una pobra becària.

—Qui ha dibuixat això?

La becària no va ser capaç de respondre en cap idioma humà. Va limitar-se a assenyalar en Marçal, que parlava amb el director de fotografia. En Joel va anar cap a ell traient fum pel nas.

—Ho has dibuixat tu, això? —va dir mentre rebregava l'*storyboard*. En Marçal no li tenia cap por a en Joel, però aquella mirada injectada en sang va preocupar-lo.

—Tot bé, Joel?

—A quin país creus que vaig néixer?

—Perdona?

—A quin puto país creus que vaig néixer?

En Marçal va pensar que era millor seguir-li el joc.

—A Catalunya, suposo.

—Exacte. Soc català. Els meus pares són catalans. Creus que soc xinès?

—Com?

—Que si creus que soc xinès!

—No.

—Doncs per què m'heu dibuixat com si fos un puto *xino*?

En Joel va agafar la pàgina de l'*storyboard* que

havia rebregat i va posar-la a un mil·límetre dels ulls d'en Marçal. Tenia raó, algú havia dibuixat en Joel amb un lleu aspecte oriental. No li feia justícia. Semblava una mena de Charlie Chan prim. El director de fotografia, que no havia perdut detall de la discussió, tenia moltes ganes de riure, però no volia que en Joel li trenqués la boca. Va decidir amagar-se rere la grua. En Marçal no sabia què dir.

—Escolta, Joel, crec que...

—M'importa una merda el que diguis. No sé ni per què parlo amb tu. On és en Kilian?

I va marxar fet una fera. La becària va veure com es menjava la pàgina de l'*storyboard* i després l'escopia a terra.

Era una festa a la casa d'estiu de Herr Produktor, una mansió a l'Empordà, dalt d'un penya-segat, a la qual s'arribava per una carretera infernal plena de revolts. La carretera era seva, l'havia fet asfaltar ell. No hi passava ningú, per allà, excepte els seus convidats. Feia set o vuit anys, després d'una festa que havia acabat tard, un realitzador havia sortit volant amb el seu Porsche i uns mariners de Llançà el van trobar al cap de dos dies amb el cap esberlat sobre el volant. Arran d'aquell incident van fer algunes millores a la via: van posar-hi llum i barreres de seguretat als revolts més perillosos.

La casa era sensacional: un monstruós prisma de formigó que recordava vagament la vil·la Malaparte, però que també es podia confondre amb un tanatori modern, tal com apuntaven els envejosos. L'interior era minimalista, d'aquell minimalisme que agrada als milionaris: hi havia poca cosa, però tot era enorme. Sofàs de sis metres fets a la mida del propietari, pantalles gegants i biblioteques inaccessibles. El menjador semblava un quadre de De Chirico; era desolador. Aquella cuina no era més que un decorat, perquè no s'hi cuinava mai, però tenia de tot: paelles de coure de tota mena, estris, espècies, ampolles d'oli grec de vuit-cents euros el litre i una sumptuosa nevera de vins que *sí* que es feia servir. Tenia una sortida a la terrassa, des d'on s'albirava tota la costa empordanesa i s'hi podia gaudir d'unes postes de sol màgiques. Cambrers filipins uniformats paraven taules i passejaven safates amb copes de cava i aperitius per als convidats, que ja feia estona que voltaven per allà.

La Regina i en Prats van arribar a quarts de set, quan la gent ja començava a anar borratxa. Hi ha gent que es presenta a les festes borratxa, va pensar en Prats, que era assidu a tot tipus de *soirées* però bevia poc. Hi ha gent que o bé va borratxa o bé ho sembla, un tipus de persona que crida molt i sempre va amb una copa a la mà.

Aquella persona és la culpable única del xivarri de totes les festes. En Prats el va calar de seguida: era un galerista famós, amic de Herr Produktor; un home alt i fornit, d'uns cinquanta llargs, amb cabell de ric, llarg i canós, una melena ferma i atapeïda. Duia camisa blanca i un fulard de fantasia i anava agafat de la cintura d'una dona rossa i alta que en algun moment del passat havia sigut una model famosa. El galerista parlava a un volum altíssim i tot li feia gràcia. Proferia fortes riallades que ressonaven per tota la casa. En Prats odiava aquell tipus de persona. El galerista havia portat els seus fills, uns adolescents de llavis amples i cares pigades que es feien selfies mentre s'esbullaven unes tofes impossibles.

L'altra atracció de la casa, a més de la terrassa meravellosa, era en Coulant, un llebrer afganès que voltava per la festa amb aquell posat de cretí que tenen aquesta raça de gossos. Semblava una cortina amb potes. En Prats va advertir que aquell quisso sabia distingir els cambrers dels convidats; aquell puto gos era tan classista com el seu amo. No era propietat exclusiva de Herr Produktor, que s'havia separat feia menys d'un any i el tenia en custòdia compartida amb la seva dona. Havia sigut la part més complexa del divorci. Tots dos s'estimaven molt aquella bèstia indolent i havien lluitat fort per aconseguir-ne la custòdia exclusiva, però el jutge, incapaç de decidir qui dels dos era menys perniciós per al gos, va dictar una sentència equitativa. Menys problemes van tenir amb els quadres i les obres d'art. Van repartir-se'ls com qui es reparteix un pollastre: la dona es va quedar el Basquiat, els Miró i els llibres i Herr Produktor va endur-se el Motherwell i les escultures de Calder. La resta de peces, menors, les tenien escampades pels pisos de Barcelona i Viella i els feia massa mandra decidir qui es quedava què.

—Podem marxar ja? M'estic posant nerviós.

En Prats estava neguitós. No li agradava la gent, en general. La Regina, en canvi, estava en el seu hàbitat natural. Feia segles que es movia de festa en festa i sabia que era l'únic lloc on podien tancar-se acords que als despatxos semblaven impossibles.

—Què et passa?

—Em pica tot. Crec que és aquest puto gos. Hi dec ser al·lèrgic.

En Coulant feia estona que passejava prop d'en Prats. Li ensumava les sabates.

—Aquest gos va al veterinari tres cops al mes. És impossible que li tinguis al·lèrgia. Es dutxa més que jo.

En Prats no escoltava. Només volia fugir d'aquella festa i anar-se'n a casa a repassar *storyboards*. Tenia molta feina endarrerida però aquella gent no ho podia entendre. Per a ells, la feina de director consistia a seure en una cadira i dir «acció» i «talla». No hi havia un abans i un després. La meitat dels productors que hi havia en aquella festa pensaven que la pel·lícula apareixia màgicament quan acabava el rodatge, que el director *defecava* el film. Pensava en Velázquez, a qui els reis consideraven un simple artesà, un pintor de retrats que tenia la mateixa importància que un aparellador o un cuiner. El concepte *artista* i tot el que això comportava havia trigat segles a arrelar, i només uns pocs anys a quedar corromput i sotmès als dictàmens del capitalisme salvatge. L'única diferència entre Velázquez i Basquiat és que un necessitava els diners per assolir la noblesa i l'altre per comprar heroïna.

Un DJ amb aspecte de criptobró va començar a punxar en un set que li havien muntat en un racó de la terrassa. La primera cançó era un pastitx sonor que recordava vagament els Chemical Brothers però sense cap tipus d'esma. El DJ va seguir amb un *medley* de bossanova *chillout* que va posar encara més nerviós en Prats.

—Vaig a fumar.

La Regina no va dir res i va seguir en Prats amb la mirada. Ell va esmunyir-se entre la gent i va enfilar l'escala que menava al pis de dalt.

En Prats suava. Va descordar-se un botó de la camisa i va buscar un lavabo. Una cambrera li va veure el neguit al rostre i va intentar demanar-li si necessitava res, però en Prats ja havia vist el lavabo i s'hi va tancar a dins. Va asseure's a la tassa. Respirava amb dificultat. Aquella festa li havia portat records d'una vida erràtica i relacions tòxiques i ara mateix estava en una època en què volia allunyar-se de les temptacions i centrar-se en la feina. Va prendre's dos Lexatins i va obrir un petit finestró que hi havia sobre el vàter que semblava expressament dissenyat per veure la posta de sol mentre pixaves. Pensava que aquella imatge el tranquil·litzaria, però el funest fil musical que emergia de la taula del DJ va escolar-se per la finestra i va destarotar-li els txakres a en Prats. Va recolzar el front a la paret, buscant una superfície freda. Potser tenia febre. Havia de marxar d'aquella casa com fos. Va sortir per la porta i va xocar contra un dels fills de Herr Produktor. El nano se'l va mirar amb cara d'idiota i en Prats va valorar la possibilitat de fotre-li un clatellot, però va seguir el seu camí cap a la sortida. Va pujar un altre tram d'escala, ja no sabia ni on era, tenia vertigen i suor freda. Va arribar a una sala, potser era un dormitori. Hi havia una llar de foc encesa i un llit gegant. Un grup de nanos estava sobre el llit, cadascun amb el seu mòbil, ignorant-se entre ells, i en Coulant, el gos, voltava per l'habitació empaitant una pilota de goma amb la seva displicència habitual. Quan va veure en Prats va acostar-s'hi, juganer. Només volia una mica d'atenció, que li tornés la pilota, però en Prats ho va veure com una amenaça. A la seva ment, aquell animal absolutament inofensiu era un puma o un tigre de les cavernes. Durant uns segons fins i tot va témer per la seva vida. En Coulant va alçar-se sobre les potes del darrere, esperant la pilota. En Prats va tenir un moment de lucidesa i la va xutar amb totes les seves forces, i la va enviar a dins de la llar de foc, que era a l'altra punta de l'habitació. Que hi hagués troncs encesos en aquella època de l'any i amb aquelles temperatures estiuenques era difícil d'entendre. Segurament el servei ho havia cregut oportú. Potser Herr Produktor era fredolic o era un simple capritx de l'interiorista. El cas és que en Coulant, aquell puto llebrer afganès de vuit mil euros i pelatge sedós, va llançar-se com una exhalació sobre la pilota, que havia anat a petar ben bé sobre el foc. Quan la primera flama va tocar el pèl del gos, va ser com si s'encengués una torxa medieval. En sentir els udols, els nanos van apartar els ulls dels iPhones. En Coulant havia esclatat en flames, literalment: era una bola de foc amb potes que corria per l'habitació. Dues noies van xisclar. La resta s'ho miraven en silenci, horroritzats. Un dels nanos va córrer fins al balcó i va saltar al pati. Es va sentir el crac d'una branca d'arbre i un pes mort que queia a terra.

En Prats va aprofitar el caos per fugir. No hi podia fer res més, allà dins. En Coulant corria fent cercles, embogit, calant foc per allà on passava. En sentir els esgarips, una corrua d'adults va pujar per l'escala. Les nenes van córrer a abraçar-se amb els seus respectius pares mentre algú cridava un dels cambrers filipins —Carlos, es deia— i demanava un extintor. En Carlos va fer cara de no saber què era un extintor. Un dels pares va intentar apagar en Coulant amb un abric, però en Coulant, encegat pel dolor, va mossegar-li el braç. El pobre gos no sabia què estava passant. En Prats va baixar les escales esquivant la multitud i va córrer cap al cotxe. La Regina el va veure fugir i va fer un gest amb els braços que només podia significar «què cony ha passat?». En Prats es va limitar a fer que no amb el cap.

A l'exterior, en Kilian va observar com el nano que havia saltat per la finestra emergia d'entre uns arbustos. Somicava. Tenia el braç plegat en tres parts. Hi sobrava una articulació, allà. En Prats va enfilar-se al seu Tesla, va engegar i va sortir silenciosament del pàrquing. Dels altaveus en va eixir una sonata en sol menor de Bach i el so vellutat de l'oboè va difuminar tota la cridòria que sortia de la casa.

Finalment havien despatxat en Joel Joan, tot i que per ser justos caldria dir que s'havia acomiadat ell mateix. A la nota de premsa es diria que «hi havia hagut diferències irreconciliables» amb el director. En Joel tenia molta personalitat i en Prats també. Eren dos galls en un galliner massa petit. A en Prats no li agradava enfrontar-se amb els actors i en Joel tenia les idees massa clares i les mans massa grosses. Ningú amb dos dits de seny voldria barallar-se amb aquell tio. Per sort, la sang no havia arribat al riu. Havien quedat com a amics i que ja es trucarien per a propers projectes (mentida).

En Prats tenia una llista escrita en llapis amb els actors que havia valorat per fer el paper de detectiu. Aquella llista, amb les anotacions pertinents, només l'havia vist la Regina.

Joel Joan –única opció real. Només descartar en cas de mort o sobredosi.
Alain Hernández –molt potent.
David Verdaguer –massa barba?
Miki Esparbé –potser segona opció si Joel és mort.
Pere Arquillué.
Enric Cambray.
Quim Gutiérrez –massa jove potser. Guapo.
Julio Manrique.
Oriol Pla –molt sòlid però fa pinta de tenir mala hòstia.
Agnès Busquets –per què no? Molts punts a favor. Ho fa bé. Quota.
Bradley Irigoyen.
Albert Prat –opció molt interessant.

—Qui cony és Bradley Irigoyen? —va fer la Regina.

—Aquell tio, no te'n recordes? —En Prats menjava un croissant. Tenia la boca plena i intentava empassar-s'ho sense deixar de parlar—. El que feia de cosí de l'Antonio Banderas a *Opal of the night*.

—No em sona.

—Molt alt i fort, moreno, ulls blaus. Ens el vam trobar en calçotets a l'ascensor de l'Excelsior a Canes.

—El cocaïnòman? No era mort?

—Es va desintoxicar. Crec. Em va donar bon *feeling*, aquell tio. Crec que és un diamant en brut.

—Molt brut. Te la vols jugar?

—El que no vull és jugar-me-la amb un actor català que conegui tothom. Estan tots contaminats per les sèries i la publicitat. La gent els coneix. Els tenen clissats. No vull la pressió d'haver de reinventar una persona que ara mateix està anunciant assegurances per la tele. A més, estan tots carregats de punyetes. No volen fer llargmetratges, volen actuar a teatrets de merda. La meitat tenen traumes infantils i a l'altra meitat els van violar a l'Institut del Teatre. En Bradley m'agrada. És pur.

—Amb aquest nom de sortir en una telenovel·la colombiana?

—És bo.

—No sé què dirà Herr Produktor.

—Que el donin pel cul.

—Si vols ho sondejo. Has parlat amb ell?

—He quedat per fer un cafè amb ell demà passat.

—No sé si és bona idea que el teu protagonista sigui un farlopero.

—Ho ha deixat.

—Ja. No t'ho van dir, a l'escola, que no s'ha de treballar mai amb animals, nens o ionquis?

En Prats va seguir menjant-se el croissant i va fer com si sentís ploure.

—Només és espectacle. No t'ho prenguis com si fos personal. No passa res.

«No passa res». En Prats odiava aquella frase. *Sempre* passa alguna cosa, per minúscula o inofensiva que sigui. No pots dir «no passa res» perquè sempre passen coses quan t'enfrontes a l'ego d'un artista. En Prats li hauria fotut un tret allà mateix. L'Alfred Jarry duia una pistola a sobre per si algú li tocava la moral. Sí, és cert, l'Alfred era coix i petitó i poruc, i en Prats no era cap d'aquelles coses. Picasso també duia pipa. Però Picasso era Picasso. Tots vivim sota l'ombra de Picasso.

Cada trucada era un problema. Ningú li trucava per dir-li «bona feina» o «ja tenim el que ens vas demanar». Va desconnectar el bluetooth i va seguir conduint. No volia rebre més trucades.

—Et seré sincer, tio, només he llegit les deu pàgines que em vas passar i ja sé que és una obra mestra. No et faig la pilota, eh? Soc sincer. Jo no faig mai la pilota a un director. Tinc personalitat. Una altra cosa no, però de personalitat me'n sobra, titu. I t'ho dic de debò, jo he nascut per ser el teu detectiu. Per cert, no té nom, oi? Ho trobo brutal, que no tingui nom. Vaig començar a llegir i veig: «El detectiu obre la porta», i vaig pensar, bueno, aviam si en algun moment surt el nom, però res! Brillant. El detectiu no té nom. Un paio que investiga desaparicions i no sabem com es diu. Està ben pensat, tio, ets un crac. El cinema català, siguem sincers, carda pena. Tot són merdes costumistes. La putíssima merda aquesta d'Alcarràs:

com pots fer una hora i mitja de lleidatans collint paraguaios? Mecagumlaputa, no sé com vaig aguantar despert. O lo de l'Albert Serra. Molt gros. La puta mania aquesta d'agafar actors no professionals. Flipo. Què collons, tio? Que no hi ha actors bons? Tots els que vulguis. I et fan jornades de vint hores per una misèria. Però què passa? Doncs que aquests directors moderns ens tenen por, tio. Tenen por que posem en dubte les seves decisions de merda. No accepten la confrontació. S'estimen més agafar un pagès o el subnormal del poble perquè saben que obeiran com xais. És un problema d'ego. Un director com Déu mana no s'acolloneix davant d'un actor. Un director com tu té molt clar que el que diu va a missa. És un problema de confiança. Si tu creus en el teu guió, tira endavant. Jo no m'atreviria a contradir-te. Bueno, potser sí, perquè tinc molta personalitat, però estic segur que tu m'ho justificaries. Si em dius «en aquesta escena t'has d'abaixar els pantalons i fer-te una palla», doncs jo ho faré, tio, perquè segur que està justificat. A veure, així d'entrada potser t'ho pregunto dues vegades, ha ha!, però ja sé que serà pel bé de la pel·lícula. Jo a mort amb tu. El director mana. Tu manes. Què? Em dones el paper o no?

(*Silenci. Més silenci. En Prats aixeca els ulls del seu* latte machiatto *de 8 euros.*)

—Estàs contractat.

Volien canviar-li el títol. Fins aquí podíem arribar. Històricament, el títol de la pel·lícula marcava el límit del poder del productor: si se li permetia escollir el títol a ell, perquè es donava per fet que el productor era un visionari i que el seu títol era millor i més comercial i els faria milionaris a tots, aleshores ja no tenia potestat de decidir sobre altres aspectes més trivials com el guió o el color de cabell de la protagonista. En Prats sabia que en algun moment hauria de baixar del burro i que era preferible fer-ho com abans millor. A la sala de reunions hi havia Herr Produktor, dues secretàries i en Juanito, el paralític cerebral, que mirava alguna cosa per la finestra. La Regina feia una estona que havia arribat. S'estava al costat d'un cactus amb un cafè de mig litre.

—Què li passa al títol de la pel·li?

—És massa llarg. I confús. *Pel·lícula de detectius*? Els periodistes es faran un embolic. «*Pel·lícula de detectius*, la nova pel·lícula de Kilian Prats». La gent ho sentirà i dirà: «Com es diu la pel·lícula?». En fi, com a broma està bé però no es pot dir així.

En Kilian es va enfonsar una mica a la cadira i va plegar-se de braços. Herr Produktor va fer un gest amb la mà i una de les secretàries va atansar-li dos folis grapats.

—Tenim algunes opcions molt bones. Què et sembla *Operació Budapest*?

En Prats va fer uns ulls com unes taronges.

—Com?

—Té ganxo, oi?

—Però què hi té a veure Budapest? I a la pel·li no hi ha cap operació. És una investigació, en tot cas.

—Des de quan han de tenir sentit, els títols? Budapest està bé. El nom atrapa. *Operació Budapest*. Com més el sento més m'agrada. En tenim més, eh. Escolta: *Sense sortida*. Aquest és bo, també. *Somnis entre boires.* És molt poètic. A tu t'agrada, això, no? *Somnis entre boires.*

—És un títol de cançó de Sangtraït.

—Com?

—Res.

Herr Produktor va seguir llegint una tirallonga de títols que semblava interminable. Cadascun era pitjor que l'anterior. La Regina no sabia on mirar. En Prats feia estona que pensava en altres coses. Quan el productor va acabar de llegir, va mirar-se en Prats de fit a fit. En Prats va fer una ganyota indesxifrable i Herr Produktor es va quedar en silenci una bona estona. En Juanito, que encara mirava per la finestra, va grunyir com un vedell ferit.

—Ens ho pensem —va afegir la Regina per intentar reconduir el diàleg cap a un lloc segur.

—No hi ha pressa, però no us adormiu, que hem de posar a treballar els de màrqueting.

Mentre caminaven per l'aparcament, la Regina va voler calibrar el nivell d'indignació d'en Prats.

—*Operació Budapest* no està malament.

—És una santíssima merda.

Allò devia ser un set i mig en l'escala d'indignació Kilian Prats.

—Serà només aquí. Podem negociar que el títol de les versions estrangeres el puguis escollir tu. No crec que s'hi neguin.

—*Operació Budapest*. Déu meu. Sembla el títol d'una pel·li de l'Steven Seagal. Com volen que la gent entri a la història amb aquest títol? Tan difícil és de veure? És cosa meva? Crec que no demano tant.

—Ja sabies que hauries de cedir. És un mal menor.

En Prats va aturar-se i va buscar algun paquet de tabac perdut a les butxaques de la gavardina.

—No és gens menor, Regina. És el títol de la puta pel·li. Et condiciona. Tu entres a la sala d'una manera determinada segons el títol. No hauria d'explicar-t'ho. Ja ho saps.

—Jo el que sé és que ja no hi ha gent que vagi a les sales de cinema. La gent veurà la pel·lícula a l'iPad. I és igual si es diu *Operació Budapest* o *Destino final*, perquè la gent no se'n recorda dels títols.

—La gent no se'n recorda dels títols perquè ara tots els títols són una merda. I això és culpa de les putes seqüeles. Abans tot era més senzill. *Robocop*. Com es diu la segona part? *Robocop 2*.

Com es diu la segona part de *Regreso al futuro*? Pregunto. Com es diu?

La Regina va posar els ulls en blanc. En Prats no deixava de fer gestos amb les mans.

—Regreso al futuro dos...

—Exacte, hòstia puta. Què collons ha passat? Ens fan por els números o què? Per què la segona part de *Spiderman* no es diu *Spiderman 2*? Per què es diu *Spiderman, far from home*? Doncs perquè l'anterior ja era la quarta o la cinquena de la sèrie original. Es descompten! No tenen ni idea del que estan fent ni per on van. Per què la segona part de *Doctor Strange* no es diu *Doctor Strange 2?* Es diu *Doctor Strange in the multiverse of madness*! Però què és aquesta merda??

—Jo el que no entenc és per què saps aquestes coses.

—És una falta de respecte per a l'espectador! El títol de la pel·lícula és la teva manera de dir-li: «Mira, nano, aquí ho tens. És el meu producte. L'he fet amb amor. L'he fet per a tu». És molt important. És la mesura del respecte que tens per la teva obra. T'imagines tenir una guitarra de deu mil euros i, en comptes de comprar-li una funda bona, dur-la embolicada en paper de diari?

Creus que el tio que li posa *Doctor Strange in the multiverse of madness* a la seva pel·lícula té algun respecte pel públic, per la crítica o per la història del cinema? Que els donin pel cul. No penso canviar el títol.

Mentre ho deia va llançar la cigarreta encesa a terra. La Regina se'l mirava com si observés la rebequeria d'un nen de sis anys.

—L'acabaràs canviant. Millor que ho acceptis ja.

—Crec que estic en el meu dret d'enfadar-me una estona.

—I tant. Però accepta-ho.

—*Operació Budapest.* La puta mare que el va parir.

En Prats va engegar el cotxe. Va pitjar fort el gas per fer una sortida dramàtica, però aquell Tesla no feia cap mena de soroll.

Per a la seqüència del somni del detectiu hi havia un número musical; hi apareixien unes ballarines que dansaven al voltant del protagonista comatós mentre es recuperava de les seves ferides a l'hospital. El pressupost que tenien era molt ajustat i estaven mirant de quadrar-ho d'alguna manera. En Prats no volia baixar del burro per res del món, però ja s'havien gastat setanta mil euros en uns objectius especials que havien de portar de Londres només per fer una panoràmica.

—Volem vint o trenta ballarines. Si no, queda ridícul.

En Prats va deixar-ho anar i va plegar els braços. El paio dels efectes especials, un lituà de metre noranta que es deia Vasili i que havien fet venir expressament de Hollywood, va dir que amb cinc o sis ballarines ja n'hi hauria prou, que ell les clonaria amb l'After Effects.

—Posa-n'hi deu. Ja les trobarem. —En Prats no parava de fumar.

La Regina no les tenia totes. El document d'Excel amb el pressupost ja s'havia refet massa cops. El que tenien ara es deia «PressupostDe tectius_ok_OK_def_3_actualitzat_OK».

—Kilian, no tenim ni un duro ja.

—Feu venir la Rosa Mercader, hòstia puta ja.

Van fer venir la Rosa Mercader, una cap de producció llegendària. Era una senyora eixarreïda que rondava els setanta però que no es volia jubilar. Les havia vist de tots colors. Treballava a la Corporació des dels anys vuitanta i havia enterrat tres o quatre directors. En Prats la coneixia de retruc i sabia que amb aquella dona s'hi podia raonar en certa manera.

—Rosa, volem deu ballarines.

La Rosa va encendre's un Ducados.

—Quants diners tenim?

—Quants diners tenim? —va demanar en Prats a algú de producció.

—Zero. No tenim res de res. Però podríem

gratar i aconseguir alguna cosa per a un dia de rodatge. Potser dos mil euros per sessió.

En Prats va clavar una intensa mirada de fúria al nano de producció, que va desaparèixer entre el fum del Ducados de la Rosa. Ella no va ni immutar-se.

—Per aquest preu no et vindrà ningú. Ara, si t'és una mica igual podem trucar a en Paolo de Bucarest.

—En Paolo de Bucarest?

—Allà tenim un cos de ballarines que havien treballat al programa de l'Àngel. Aquelles nenes t'ho farien per aquest preu. I encara te'n sobraria per pagar l'avió.

—Ja ho heu sentit. Truqueu a en Paolo de Bucarest o com es digui. Rosa, passa-li el telèfon, si us plau.

La Rosa va fer una altra calada i va desaparèixer.

Aquella mateixa tarda van intentar localitzar en Paolo, un productor italogironí que havia marxat a treballar a Romania després de l'afusellament de Ceaucescu perquè la cadena pública havia caigut en mans de les empreses privades. Allà va produir un xou nocturn de gran èxit i se li va acudir la idea de contractar ballarines per fer-ho tot més amè i espectacular. El presentador era un pederasta cocaïnòman però no ho semblava gens, i a més tenia molta gràcia. El cas és que en Paolo va fer una ronda per Bucarest per trobar noies per al cos de ball; buscava les nenes que havien actuat a la victòria d'Iliescu a les eleccions del 1990, perquè totes les altres ballarines havien estat afusellades per ser o haver sigut amants de ministres comunistes, i les que havien sobreviscut havien fugit a Rússia o treballaven en prostíbuls. Total, que en Paolo havia voltat per totes les cases de putes de Bucarest buscant ballarines. Les poques que va trobar estaven consumides per la droga. No feien bona cara, no.

—Te'n puc aconseguir una dotzena, però no tenen dents —va dir en Paolo per telèfon. No se sentia gens bé el que deia i el seu accent no hi ajudava.

—Com que no tenen dents?

—No tenen dents. Han perdut les dents. De fumar coca. Però encara ballen bé. Alguna té artrosi, això sí. Ja t'enviaré les més jovenetes. Però no tenen dents, t'aviso.

—Val, val. Ja les enviarem a un dentista que els posi fundes.

—Sí, però acompanyeu-les.

—Com?

—Acompanyeu-les al dentista. Si els dones diners per anar al dentista se'ls gastaran en droga. I després d'anar al dentista tampoc les podeu deixar soles. Vendran les fundes i es gastaran els diners en drogues.

La trucada es va tallar. En Prats no tenia temps per perdre. Anaven molt tard, i el que menys gràcia li feia en aquest món era arribar tard als llocs o no tenir temps per fer les coses amb calma. Detestava les presses. L'horroritzaven els aeroports. Somiava en vols que se li escapaven. No podia entendre com hi havia coses que encara depenien d'horaris exactes. És a dir, podia arribar a acceptar que hi hagués un compte enrere a l'hora de llançar un coet a l'espai, que allò calia respectar-ho, però no que un avió marxés deixant passatgers a terra. Li havia passat un parell de vegades. Com podia ser? No venia de deu minuts. Quan fas un vol transoceànic no et ve de deu minuts. La gent tenia pressa, pel que semblava. Tenir pressa sempre li havia semblat cosa de pobres.

Aquella tarda va seguir treballant en l'escena on l'ancià multimilionari li explica al detectiu la història de l'ídol de jade del príncep Bhandra.

(INT. SALÓ DEL SENYOR CARDELLACH - DIA

Som al saló de la mansió Cardellach, una enorme sala plena de retrats de família noucentistes i estàtues. Al fons de la sala hi ha una minyona netejant coberteria.

El detectiu i el senyor Cardellach estan asseguts en amples butaques de cuir davant d'una llar de foc. El detectiu s'encén una cigarreta mentre l'ancià parla.)

SENYOR CARDELLACH

Ningú no sap exactament d'on va sortir. Diuen que el va portar un arqueòleg que feia la ruta de la seda fa dos-cents anys, però també hi ha gent que diu que sempre ha estat aquí. O que va caure de l'espai, en fi, ja sap: històries per espantar la canalla. Deien que l'ídol de jade et tornava boig si te'l miraves fixament i que si et quedaves adormit al seu costat et robava l'ànima. De fet, això és el que feien: entraven a la teva habitació quan dormies, deixaven l'ídol a la tauleta de nit i et xuclava l'ànima. No tornaves a ser el mateix. Si l'ídol fos destruït, totes les ànimes que té atrapades podrien tornar als seus legítims propietaris i, amb una mica de sort, erradicar el mal de les seves vides.

(El detectiu fa una calada de la cigarreta.)

DETECTIU

Miri, senyor Cardellach, li he de dir que jo no crec en aquestes coses paranormals.

SENYOR CARDELLACH

I en què creu, detectiu?

(El detectiu medita durant uns segons.)

DETECTIU

En el meu gestor.

(El senyor Cardellach riu de bon grat.)

DETECTIU

I vostè?

SENYOR CARDELLACH

Estimat, a la meva edat ja les he vist de tots colors. Li diria que només crec en Déu i en el seu fill Jesucrist, però hi ha moments en què hem d'estar oberts a tot.

—Talleu. —En Prats va acostar el cap a en Marçal i va afegir en veu baixa—: No m'agrada.

—El què?

—No m'agrada res. El vell està massa tens. I la minyona en segon pla m'ha distret. Crec que no s'ha de moure tant. Pots dir-l'hi?

En Marçal va aixecar-se i va anar fins al fons de la sala. Va estar parlant amb l'actriu que feia de minyona. No se sentia res però la noia va fer que sí amb el cap. En Bradley va acostar-se a en Prats.

—Com ho veus?

En Prats va escurar el termo de cafè que s'havia estat prenent durant tota la tarda.

—Bé. Però crec que en Joan està tens.

—Vols que l'hi digui?

—No, ja parlaré jo amb ell.

L'home que interpretava el senyor Cardellach era en Joan Sorribas, un actor mític que en Prats intentava ressuscitar. Havia sortit a gairebé tots els serials de la tarda de la cadena i sempre acostumava a interpretar un pare o un sogre sever. Tenia una mirada potent i una impressionant veu de tro, però havia caigut en desgràcia i feia anys que no aconseguia cap paper, i actuava de tant en tant en teatres petits fent lectures poètiques o en alguna obra molt menor. En Prats sabia que aquell era l'últim paper bo que tindria en la seva vida, bàsicament perquè el mateix Joan li havia confessat el primer dia que tenia un càncer molt malparit i que li quedava un any a tot estirar. En Prats va recordar el dia que va comunicar-li que la feina era seva. En Joan tenia llàgrimes als ulls. Com a director, la seva responsabilitat estava molt limitada, bàsicament es tractava de fer un bon producte, rebre bones crítiques i potser, si sonava la flauta, guanyar algun premi. Però en Prats creia, a més, que la seva tasca consistia a fer el bé per a la humanitat. Donar feina a actors caiguts en desgràcia era una de les seves accions preferides.

Mentre mirava d'explicar-li a en Joan que volia «més misteri» i que el personatge «necessitava respirar», va aparèixer la Regina i es va quedar palplantada sota un focus. Li va fer un senyal a en Prats. Es veu que era urgent. En Joan no havia acabat d'entendre les instruccions:

—Així, doncs, com ho faig?

—Fes-ho com tu saps, Joan. Ho estàs fent bé. Assaja una mica amb en Bradley —va fer en Prats sense mirar-lo.

La Regina havia rebut l'auditoria de gènere. Potser no calia aturar el rodatge però volia explicar-li de quin mal havien de morir.

—Ara no, Regina. Després m'ho miro.

—Com vulguis, però et convindria mirar-t'ho abans.

—Envia'm un mail i m'ho llegeixo. He de rodar l'escena abans no es mori aquest vell.

En Prats va seure a la seva cadira. En Joan Sorribas va estossegar i va aixecar el polze. Estava content. Pobre home, va pensar en Prats mentre es mirava l'operador de càmera.

—So grava.

—Càmera grava.

—Acció.

Per contracte havia de sortir un carrer de Barcelona en una de les escenes. A en Prats no li agradava gens rodar exteriors. Preferia la seguretat del plató, però estava lligat de mans i peus. Havien sortit a localitzar i havien trobat un carreró fosc prou interessant per a l'escena on el detectiu es troba la prostituta septuagenària.

En Prats va fer un lacònic «m'agrada» i van demanar els permisos pertinents. Semblava que aquella gestió havia de ser bufar i fer ampolles, perquè, al cap i a la fi, era una petició del mateix Ajuntament, però va trigar una setmana i van haver de refer tot el calendari de rodatge. En Prats estava molt emprenyat, però com que se li acumulaven les sessions de rodatge no tenia temps per expressar el seu malestar. Quan acabava de rodar se n'anava a fer pilates o a casa a mirar *reels* de gats fent coses d'humans.

Al cap d'una setmana van anar al carreró a gravar l'escena. A les sis del matí ja estava tot preparat: carrers tallats, cafetera en marxa i attrezzistes treballant fort. A quarts de vuit va arribar l'alcaldessa. En Prats no s'ho esperava, però també és cert que li suava la polla completament. La dona va venir acompanyada per Herr Produktor i va interessar-se per la trama del film. Com que ningú va saber què dir més enllà d'«és una pel·lícula de detectius», algú de producció va dir a en Marçal que l'alcaldessa volia parlar amb en Prats. En Marçal era prou llest per evitar dir-li res a en Prats durant una gravació d'exteriors i, a més —i aquest era el motiu real—, no era la seva feina fer de missatger. L'alcaldessa es va quedar allà palplantada una estona, aparentment no es fixava en res concret. De sobte va veure alguna cosa que li va cridar l'atenció i va xiuxiuejar unes paraules a la seva ajudant, una noia baixeta de cabells verds amb aspecte de candidata lesbiana a les presidencials alemanyes. Totes dues van parlar en veu baixa i la noia baixeta va acostar-se a Herr Produktor mentre assenyalava un punt enllà del carreró.

La Regina, que s'ho mirava de lluny, va acostar-s'hi. En Prats, que fins aleshores discutia un enquadrament amb el director de fotografia, va aixecar la mirada i va veure la Regina discutint amb Herr Produktor i l'assessora de l'alcaldessa. Allò no pintava bé. Va rebregar la pàgina de *storyboard* que tenia a les mans i la va guardar a la butxaca de la gavardina.

—Va, rodem.

L'equip tècnic es va mobilitzar. Tot anava bé però en Marçal feia una cara estranya. Va fer-li un gest amb el cap a en Prats. La Regina s'apropava.

—Kilian, tens un moment?

En Kilian *mai* no tenia un moment, estava dirigint una pel·lícula.

—Què collons passa?

—És l'alcaldessa.

—Què li passa, a l'alcaldessa? No la conec de res.

—Diu que té un dubte i que si podria parlar amb tu un segon.

De les coses absurdes que li havien passat a en Kilian en un rodatge, i que incloïen una inundació, l'atac d'una rata rabiosa i ser boicotejat per l'associació de defensa dels drets de persones amb acondroplàsia —un dels protagonistes era un nan—, parlar amb una alcaldessa a mitja escena entrava directament al top tres.

Va dir-li a en Marçal que repassés el moviment de càmera amb el director de fotografia i va acompanyar la Regina fins a la petita carpa que havien muntat entre unes furgonetes. Hi eren l'alcaldessa, l'ajudant, Herr Produktor, la Regina i ell, que va fer una breu encaixada de mans amb la batllessa. Aquella dona estava molt compromesa amb el poble. Era el seu tercer mandat. En Prats no sabia exactament de quin partit era, però li sonava remotament que havia sigut activista feminista o ecologista o comunista, o potser totes tres coses.

—Felicitats pels èxits, senyor Prats —va fer.

En Prats va assentir amb el cap mentre movia els dits. Estava nerviós, volia rodar. L'ajudant de l'alcaldessa, aquella bestiola petita, va fer un pas endavant i va parlar amb veu de mostela.

—Hem vist que en aquest carrer on esteu gravant es dona una imatge de la ciutat que no ens acaba d'interessar.

Va deixar-ho anar així. En Prats va trigar una estona a copsar tot el sentit de la frase. Aquella dona/noia que feia veu d'haver estat xuclant heli tot el matí havia pronunciat les paraules amb una vehemència sorprenent. Estava clar que no s'hi posava per poc.

La Regina va intentar suavitzar-ho. Començava a respirar-se tensió en l'ambient.

—El que volen dir és que hi ha una part de la ciutat que potser no cal que es vegi —va dir la Regina.

L'alcaldessa assentia amb el cap.

—Em perdonareu que no ho entengui. És un carrer. Quin problema hi ha? —En Prats no sabia quina cara fer. Va buscar una cigarreta a les butxaques de la gavardina però només hi va trobar un paper arrugat.

L'alcaldessa va somriure i va obrir els braços com si volgués abraçar tota la humanitat:

—Estem lluitant molt per convertir Barcelona en una ciutat sostenible, global i, sobretot, lliure de sexisme. Creiem que és una causa que requereix un compromís fort per part de tots.

En Prats no entenia cap de les paraules que sortien de la boca de l'alcaldessa.

—No entenc quin problema hi ha, disculpi, soc una mica lent. Hauria d'estar rodant.

—Sí, sí, i tant, no el molestem més. És només aquest detall. La Jacqueline segur que l'hi explica millor que jo.

La Jacqueline era la noia amb veu de rata cellarda. No estava per a collonades ni protocol. Va ser ella qui va etzibar-li la frase.

—Volem que canviïs l'enquadrament del primer pla. Es veuen gratacels de fons.

En Prats va obrir els ulls tant com va poder. La Regina es va tocar el front dissimuladament. En Prats va girar-se, incrèdul, mirant-se l'enquadrament que tenia preparat per a l'escena. Era un pla americà de manual, un pla del detectiu caminant enllà del carreró amb l'*skyline* de la ciutat de fons.

—Es veuen gratacels? És clar que es veuen. La ciutat és així. Si no volgués edificis de fons hauria anat a rodar al mig del bosc.

Herr Produktor i l'alcaldessa van fer un riure nerviós. La Jacqueline no feia cap cara d'estar passant-s'ho bé.

—Torres fàl·liques i edificis alts. És això el que no volem. És un pla sexista. No és la imatge que volem donar de la ciutat. Volem una ciutat familiar i *ecofriendly*. No volem gratacels erectes ejaculant al cel barceloní.

En Prats es va quedar sense paraules. L'alcaldessa assentia amb el cap, orgullosa de la seva assessora de cabells verds. En veure que en Prats no articulava paraula, Herr Produktor va decidir intervenir i acabar amb aquella conversa que se li estava fent pesada.

—Kilian, baixa l'enquadrament una mica, que no surtin els edificis. Tampoc no és cap bestiesa, no? Centrem-nos en el que importa: espectacle.

En Prats volia assassinar-lo. No en sentit figurat. Volia agafar una llamborda de terra i rebentar-li el crani fins que li sortís massa encefàlica pel nas. Herr Produktor va veure una petita guspira d'odi condensat als ulls d'en Prats, només una espurna, però va ser suficient per provocar-li un calfred. El gegant va ficar-se les mans a les butxaques de l'abric i va fer per marxar. L'alcaldessa va ajuntar les mans com si anés a dir *namasté*.

—Moltes gràcies pel seu temps, senyor Prats. I gràcies per ajudar-nos. Tots hem de posar el nostre granet de sorra per la causa.

En Prats encara no sabia de quina causa parlava aquella senyora. La Jacqueline no li havia tret els ulls de sobre tot i trobar-se ja a cinquanta metres; era una estampa inquietant. La Regina no s'atrevia a encetar cap conversa. Va estar a punt de dir alguna cosa, però en Prats va aixecar el dit índex per fer-la callar i ella va fer com si tanqués la boca amb una cremallera.

Però els fets eren els que eren: no era possible rodar aquella escena sense que es veiessin els suposats edificis ejaculadors de fons. En Marçal va proposar canviar l'angle, picar una mica el pla, però en Prats ho trobava nefast; que no es veiessin edificis de fons es carregava l'harmonia del quadre, i d'això en Prats en sabia molt. Cuidava cada pla com si fos un quadre renaixentista. Idolatrava Kubrick, volia que cada fotograma parlés per ell mateix. Van estar una estona llarga debatent sobre angles i objectius, es va parlar de rodar-ho amb un ull de peix, de fer-ho en contrapicat sobre una grua mòbil, però no hi havia consens i en Prats s'estava enfilant per les parets.

—A prendre pel cul. Rodarem tal com ho havíem plantejat.

En Marçal va cridar en Bradley i va donar-li

quatre instruccions mentre en Prats es bevia el seu cinquè cafè. Eren les deu del matí i anaven amb molt de retard. Van repetir l'escena quatre vegades, tot i que la primera, a ulls d'en Prats, ja era la bona. Li agradava repetir escenes per vici, també per precaució per no quedar-se penjat a la sala de rodatge, però mai, en tota la seva carrera, no havia necessitat fer servir retalls d'altres seqüències. Van acabar de rodar a quarts de sis de la tarda, quan començava a fosquejar. Després de repassar l'ordre del dia de l'endemà, la Regina va enganxar en Prats per banda.

—Què en penses fer, d'aquesta escena? —La Regina no volia que aquella frase sonés com una advertència ni una amenaça, però en Prats estava massa susceptible per interpretar qualsevol altre significat.

—No t'entenc.

—Si us plau, Kilian. No et busquis més enemics en aquesta ciutat.

En Prats consultava els whatsapps del dia. No tenia ganes d'establir contacte visual amb la Regina.

—Ja ho gestionarem, això, no pateixis. Li diré a en Vasili que esborri tots els edificis heteropatriarcals violadors que surtin en pla. —Va guardar-se el mòbil a la butxaca i es va mirar la Regina, que no sabia si tot allò era sarcasme—. Estic de bon rotllo, no m'hi vull fer mala sang. Anem a prendre alguna cosa?

La frase la va agafar per sorpresa. Semblava que, per estrany que pogués ser, en Prats estava d'un humor excel·lent. Va dir-los a en Marçal i a la Clàudia, l'assistent de producció, si volien anar a fer una cervesa.

Van anar a un bar que era per allà a prop, un local *hipster* amb les parets sorrejades i cortines de vellut vermell a les finestres. En Prats l'havia freqüentat molt de jove, però aleshores era un antre podrit que feia olor de vòmit i orujo d'herbes i que, tot i això, estava sempre ple. Ara ja estava en mans d'un inversor americà que l'havia convertit en un lloc mancat de tota personalitat i caríssim, però que no feia pudor de pixum de gat. Van demanar cerveses. En Marçal xerrava pels descosits. Estava encara més indignat que en Prats amb la cultura de la cancel·lació arquitectònica.

—Ens hem tornat completament subnormals. Però he de reconèixer que no ho he vist venir, i això que m'ho espero tot de la senyora alcaldessa. He sentit gilipollades grosses, però no sabia que els gratacels eren penis erectes que violaven el cel. Estem arribant a un punt surrealista de la història. La meva germana treballa al Museu d'Història. —Va fer un glop de cervesa i va buidar mitja gerra—. Té un ajudant homosexual, un noi molt trempat, molt gai però parla català perfectament. Ha acabat la carrera fa poc i la seva tesi doctoral tracta sobre «arqueologia *queer*». Jo també vaig fer aquesta cara. Sabeu de què va? El nano explica que és una branca de l'arqueologia que estudia la història des d'un punt de vista no normatiu.

—No entenc res del que estàs dient —va fer en Prats.

La Clàudia va riure.

—Jo tampoc. Però es veu que la història de la humanitat està esbiaixada, contaminada per l'heteropatriarcat, i fa falta un punt de vista *queer* per entendre-la.

—Què és *queer*? —va dir la Clàudia.

—No ho sé. No ho tinc clar del tot i no vull problemes. Però es veu que tenien exposat l'esquelet d'un *Homo erectus* al museu i el nano aquest va dir que allò era immoral perquè estàvem violant la intimitat d'una persona que no havia pogut expressar la seva identitat sexual. Per descomptat que ningú va fer-li ni puto cas, però el nano arqueòleg s'ho va prendre com una croada personal i va denunciar-ho a Facebook. Al matí van presentar-se una dotzena de persones al museu a demanar que retiressin l'esquelet. Es van asseure davant de la vitrina i algú va trucar al director. El pobre home no entenia res. L'endemà es va reunir amb l'alcaldessa i van decidir que el millor era guardar l'*Homo erectus* al magatzem.

La Regina no havia badat boca en tota l'estona, però aquell tema era prou interessant per fotre més llenya al foc.

—I els nens que fan sortides escolars al museu es queden sense veure l'*Homo erectus*?

—Es veu que sí. Ara hi ha un salt i passen directament del mico al *sapiens*.

—Carai.

—La història de la humanitat està sobrevalorada —va fer en Prats, intentant portar la conversa al seu terreny—. No sé per què ens interessa tant el passat. Som aquí i no aprendrem res del que han fet els nostres antecessors. És igual si van inventar el foc o si va baixar un extraterrestre del cel amb un zippo. Importa on som ara i cap a on anem.

En Marçal es va acabar la cervesa i ja tenia el braç aixecat per demanar-ne una altra.

—I cap a on anem?

—Cap a l'extinció.

Van acabar tard. En Prats anava una mica tocat. Feia temps que no bevia, i aquelles quatre cerveses i el tequila que els havia regalat el cambrer l'havien deixat mig borratxo. En Marçal també devia anar calent d'orelles, però no se li notava gens i va agafar la moto per marxar a casa. La Regina va demanar un taxi per als tres que quedaven i van fer ruta pels carrers de Barcelona, que a aquella hora semblava un frenopàtic. La Regina va baixar la primera i es va acomiadar amb un correctíssim «fins demà si Déu vol» després de recordar-li a en Kilian que fes el favor de mirar-se el correu electrònic de l'auditoria de gènere. En Prats, que s'estava marejant, va obrir la finestra del seu costat i va deixar el cap penjant per fora. La Clàudia se'l mirava amb una barreja de por i excitació. Era una noia baixeta i bufona que s'havia graduat en Econòmiques, però que ja feia anys que voltava per produccions de teatre i televisió i era molt eficaç en la seva feina. A en Prats li agradava la gent així. No demanava més que eficàcia. Ell era el geni, el demiürg. No calien més creatius a l'equip.

—Ja em pot deixar aquí —va fer la Clàudia amb un fil de veu que el taxista amb prou feines va sentir. Es va girar per acomiadar-se d'en Prats, que ja es trobava millor, i per calibrar les possibilitats que hi havia d'endur-se'l al llit. En Prats s'ho va plantejar durant un o dos segons, però va descartar la idea. Amb la merda que portava no se li hauria aixecat, i tenia bastant clar que no volia follar-se membres de l'equip, allò només duia maldecaps. La Clàudia va baixar del taxi i en Prats li va llançar un petó amb la mà. Ella va somriure i va tancar la porta.

—On anem, *jefe*?

En Prats va dir al taxista l'adreça de casa seva. Detestava que li diguessin *jefe*, mestre o artista. Era totes aquestes coses, però no volia que l'hi recordessin.

```
(EXT. CARRERÓ SÒRDID - NIT
Un carreró fosc, brut. Tot és bros-
sa, gats i cotxes amb els vidres tren-
```

cats. El detectiu camina al ritme de la seva veu en off.)

DETECTIU (V.O.)

Em posava malalt tota aquella escòria pel carrer. Per sort, feia temps que no em preocupaven els límits de la conducta social.

(El detectiu es creua amb un PROXENETA JOVE que discuteix amb una PROSTITUTA DEMACRADA. És una senyora de setanta anys amb una faldilla rosa i un top de cuir negre. Va molt maquillada. En el mateix moment que el detectiu passa pel costat, el proxeneta li clava una bufetada a l'anciana. El detectiu, en un acte reflex, treu la pistola i li dispara un tret al nano, que es posa la mà a l'orella per intentar detenir l'hemorràgia. La prostituta es mira l'escena, espantada.)

DETECTIU

Això és només un avís. Cada cop que et vegi a prop d'una puta et fotré un tret a l'orella. Quan et quedis sense orelles per disparar-hi aniré a casa teva i li fotré un tret a l'orella a un altre membre de la teva família: als teus pares, als teus fills, als teus germans, als fills dels teus germans. Així fins que a la teva família els nens neixin sense orelles.

(El proxeneta està somicant de genolls a terra. Té les mans xopes de sang.)

DETECTIU

I ara dona-li cinquanta euros a aquesta puta. Què coi, dona-li cent euros.

(El proxeneta es fica la mà a la butxaca i li dona uns bitllets a la prostituta.)

DETECTIU

Fot el camp. I tu també, vella podrida.

(Tots dos marxen, cadascun per la seva banda. El detectiu s'encén una cigarreta i es queda palplantat mirant les estrelles.

FOS A NEGRE.)

El correu electrònic deia «auditoria de gènere», i l'enviaven de la Diputació. El cos del text, en Calibri 11, deia el següent:

> Molt bon dia, Regina,
>
> Ens ha arribat l'auditoria de gènere (que us adjunto) i posa de manifest la preocupació que us vam traslladar des d'un inici. Podríem dir que hi ha tres punts a destacar: el gènere dels dos protagonistes, el final i totes les anotacions sobre paraules en concret. Si bé és cert que no creiem necessari aplicar totes i cadascuna de les correccions que es proposen respecte a les paraules (algunes sí), sí que veiem que aquesta auditoria reafirma el problema que pot suposar el sexe dels protagonistes i el final.

Us agrairé que llegiu amb deteniment l'auditoria, ens ha ajudat a tots a analitzar el text amb una mirada crítica en qüestions de gènere.

Dit això, creiem que la millor opció passa per redefinir els personatges per tal que siguin un home i una dona o bé dues dones. De fet, canviar el gènere d'un d'ells no té per què afectar el text en si.

En Prats no podia processar amb claredat el que estava llegint. Sense ser capaç de raonar, va obrir el pdf adjunt.

Auditoria de gènere: *Pel·lícula de detectius*

Encàrrec de la Diputació de Barcelona

Observacions generals

ROLS: Els rols dels dos protagonistes: el detectiu (Joel Joan) i el director (actor per determinar): s'aconsella que siguin dos personatges femenins, així no s'assignarien certes qualitats al gènere.

El personatge protagonista DETECTIU no fomenta un lideratge adequat ni horitzontal, segueix el tipus de lideratge tradicionalment masculí i alhora fomenta prejudicis contra les dones líder. El personatge d'ell és intel·ligent, resolutiu i informat, mentre que els personatges femenins que apareixen al llarg del guió juguen un paper frívol i cru.

El final és perillós, perquè de nou tenim l'home salvador. Podria algun personatge femení contribuir a la solució del final?

Es podria intentar treballar més aquest final perquè sigui una cosa més de col·laboració, d'ajuda mútua... que doni el missatge que les coses poden millorar si es fan entre tots, aportant-hi tothom des de diferents perspectives i donant l'oportunitat que explicant les coses bé es puguin veure d'una altra manera i, fins i tot, recapacitar i canviar d'opinió, evitant estereotips i mantenint la dicotomia bé-malament, que a més ve reforçada pels papers d'home-dona.

LLENGUATGE: S'aconsella fer servir paraules neutres i inclusives. En el text s'han indicat les paraules que es proposa que es canviïn:

investigador – persona que investiga (p. 2, 27, 56, 89)

Vinga, nois! – Vinga! (p. 11)

avió de passatgers – avió de passatge (p. 25)

cal ser pacient – cal tenir paciència (p. 28)

és un nàufrag – ha naufragat (p. 33)

pares – adults (p. 40, 76, 128)

com si fóssim germans – amb molta germanor (p. 130)

missatger – persona missatgera (p. 134)

Quan va acabar de llegir tenia la boca seca, i no només per la ressaca. Va mirar-se la Regina.

—Em pots imprimir aquest mail? Perquè vull pixar-m'hi a sobre.

—Només són recomanacions. Segur que podem parlar-ho.

En Prats ja havia agafat la gavardina i sortia per la porta. S'estava encenent una cigarreta tot i que ja en duia una d'encesa a la boca. La Regina el seguia de prop, però en Prats anava cada cop més de pressa.

—Kilian!

La Regina va desistir. En Prats va anar fentse més i més petit fins que la ciutat va engolir-lo.

Quan en Prats va patir la primera crisi ja feia dies que es comportava de manera erràtica. Se l'havia vist parlant sol pels passadissos i provant d'atrapar mosques invisibles. Estava estressat. Havia deixat d'anar a pilates. Ja no podia concentrar-se en els txakres mentre veia l'Alba arquejar la columna amb aquells pits tan ufanosos. Fumava molt i no menjava. Havia perdut cinc quilos en dues setmanes. No feia bona cara.

Va arribar a la reunió del matí. No venia sol. L'acompanyava un nano baixet, un home, potser. Es feia difícil calcular l'edat d'aquell individu. En Prats feia cara de no haver dormit des de feia setmanes però se'l veia de bon humor, fins i tot eufòric, i la Regina sabia perfectament que quan això passava era degut a un excés de medicació d'algun tipus.

—Tot bé, Kilian?

—Fa un dia preciós, amics.

En Prats va entrar a la sala amb un ímpetu desconegut i va plantar-se davant de la pissarra per repassar l'ordre del dia. L'home/nen va anar directe a la màquina de cafè.

—Ens presentaràs el teu amic, Kilian? —va fer la Regina, una mica preocupada.

—Ah, sí, sí, i tant. —En Prats va assenyalar-lo sense treure la vista de la pissarra—. És en Ruben. És el nou ajudant de direcció.

En Ruben estava estintolat a la màquina de cafè. Va alçar subtilment el seu got a manera de salutació. La Regina va acostar-se a en Prats i va parlar tan fluixet com va poder.

—D'on ha sortit aquest nano?

—Qui? —En Prats seguia concentrat en la pissarra. Tenia un retolador a la mà i anava eliminant coses. La Regina va clavar-li la mirada—. Ah, en Ruben? Ja t'ho he dit, és el meu nou ajudant. He despatxat en Marçal.

—Com?! Per què?

—Teníem moltes diferències. Diferències irreconciliables. Però hem quedat com a amics, no pateixis.

—I aquest tio d'on ha sortit? De l'ESCAC?

—El vaig conèixer ahir en un bar.

—QUÈ?

En Prats va deixar el retolador i va agafar la Regina pels braços amb molta delicadesa.

—Regina, escolta'm. Vull que estiguis tranquil·la. Tot anirà bé. Tinc un pressentiment. —De cop i volta la seva veu amorosa es va transformar en un udol—. Tothom a treballar! Anem contra rellotge!

En Ruben va deixar el got de cafè sobre la màquina i va començar a picar de mans.

—Ja l'heu sentit, putos ganduls! Va, hòstia, va!

L'equip va sortir esparverat de l'oficina. En Ruben va seguir-los de prop, com un pastor empaitant el seu ramat díscol. En Prats somreia, estava encantat amb aquell home. El que li havia dit a la Regina era cert: l'havia conegut feia un dia. Havia entrat a comprar tabac a un bar i va aprofitar per demanar-se una tònica i seure a la terrassa perquè feia un dia esplèndid, d'aquells que a ell li agradaven: núvols baixos, de color de plom, i aquella mica de brisa —llevantada, potser, no ho sabia del tot, feia de mal dir—. Mentre s'encenia una cigarreta va aparèixer en Ruben, amb aquell aspecte d'adolescent amb progèria, vestit de manera molt *random* amb una samarreta de propaganda d'una empresa d'ascensors, pantalons de pinça i unes Air Jordan vermelles. Va demanar-li una cigarreta i es va asseure al seu costat. No va demanar permís. Simplement va seure i va començar a parlar, a explicar-li la seva vida. Normalment això ho feien els borratxos, però aquell nano semblava perfectament serè.

—Què tal? Em dic Ruben. Acabo d'arribar. No tindràs feina per a mi, per casualitat?

En Prats va fer una calada sense immutar-se i va allargar-li el braç.

—Jo soc en Kilian. Potser sí. A què et dediques?

—Em dedico al que et faci falta.

—Ets gigoló? T'adverteixo que no m'interessa.

—Faig pinta de marica? Quant fa que no et trenquen la cara?

—Només pregunto.

En Ruben era el tipus de persona que insultava les víctimes d'accidents de cotxe quan es trobava un embús. No ho podia evitar. Patia la retenció en silenci, estrenyent el volant fins que els artells es tornaven de color blanc, i quan arribava davant l'accident treia el cap per la finestra i cridava «putos subnormals» encara que hi hagués mutilats o morts. Conduïa amb una mà al volant i una ampolla de Seven Up tallada amb un cúter pel mig agafada amb l'altra.

Amb vint anys va marxar a treballar a Austràlia perquè tenia massa comptes pendents a Espanya. El perseguien romanesos i magrebins per històries de drogues. També deien que havia atropellat un nen gitano, però ell sempre ho negava. En fi. Molts problemes. Va pensar que Austràlia era prou lluny perquè no el trobessin i va marxar allà amb un visat d'estudiant. Quan va arribar se'n va anar a una ETT i li van dir que per a un desgraciat com ell només hi havia feina de cambrer o de pescador. En Ruben ja havia fet de cambrer i no tenia gens de ganes de tornar-hi. Pagaven mil dòlars la setmana per fer de pescador i li va semblar perfecte. Va arribar a port i va veure el vaixell: una andròmina de deu metres que es deia *Platypus* i tenia una sirena amb rastes i una fulla de marihuana dibuixada a la cabina.

La tripulació només eren el capità i un mariner filipí, uns malparits de bandera. El van començar a vexar des del primer minut: el picaven i l'insultaven, li fotien el dit al cul quan es despistava, li deien «batugan» i «useless motherfucker» i l'obligaven a fregar la coberta amb una baieta. En Ruben sospitava que aquells dos fills de puta tenien una relació homosexual molt tòxica i de nit sentia crits i cops molt forts.

La feina consistia a pescar amb xarxa. Es llevaven a quarts de cinc de la matinada i llançaven les xarxes al mar. Eren xarxes de niló i tallaven com una mala cosa; s'havien de manipular amb guants especials. A en Ruben li van donar uns guants de llana que no protegien dels talls i, a més, sempre estaven humits, la llana no s'assecava mai, de manera que els talls no acabaven de guarir-se i se li infectaven. Al cap de dues setmanes, tenia les mans tan inflades que no podia fer res amb els dits. Eren mans de playmobil, de color porpra. No podia fer la pinça. No podia pujar les escaletes del vaixell quan tornava de pescar amb la zòdiac. De nit tenia malsons terribles i el dolor de les mans el despertava cada dos per tres. Dormia amb un ganivet sota el coixí, pensava que en qualsevol moment podien entrar a la seva habitació i assassinar-lo.

Un dia van coincidir amb un altre vaixell de pescadors a alta mar. Es veu que els capitans es coneixien vagament i van estar parlant una estona. Aprofitant un moment de distracció, en Ruben va parlar amb els mariners de l'altre vaixell i els va dir que temia per la seva vida, els va ensenyar les mans i els va dir que el filipí volia matar-lo. Els mariners se'l van creure i li van dir que podia tornar amb ells. El capità del *Platypus* va dir que si marxava no cobraria, però això a en Ruben ja tant li feia. Només volia fugir. Va pujar a l'altre vaixell i els va demanar si podien deixar-lo a port. A qualsevol lloc, li era ben bé igual. Van passar per Port Moresby i en Ruben va dir que allà ja li anava bé, però just abans d'amarrar li van demanar si li faria res acompanyar-los a fer un encàrrec, que li donarien cinc-cents dòlars. En Ruben va dir que sí, lògicament, perquè no duia ni un cèntim a sobre; no podia ni trucar des d'una cabina. Així doncs, el van fotre dins d'una furgoneta, li van donar una Glock que no podia ni agafar de tan botides que tenia les mans i li van dir que es tapés amb una manta.

Estava clar que no anaven a comprar el pa. La furgoneta no tenia finestres al darrere. En Ruben només sentia crits i rialles. Van frenar i es van sentir més crits i batussa. Algú va obrir la porta del darrere. Era una senyora vestida amb un top de lleopard sintètic, minifaldilla i unes Crocs. Duia una cama ortopèdica. Els dos paios del vaixell van dir-li que ja podia baixar i van carregar quatre o cinc sacs de color marró dins la furgoneta. Un dels dos, un mulat amb els ulls blaus, va donar-li un petit feix de bitllets i va pegar-li un copet a l'espatlla. Els dos paios van començar a fumar i en Ruben va demanar-los si el podien dur a un hospital, que les mans li feien molt de mal. Els paios es van mirar les mans i es van gratar el cap. Van dir-li que havien d'anar a un altre lloc i que no el podien portar de cap manera.

En Ruben va deixar la pistola a terra i va parlar amb la coixa. Li va dir si tenia un mòbil per fer una trucada, que havia d'anar a l'hospital. La pobra dona anava vestida de prostituta adolescent però devia tenir seixanta anys. En Ruben li va fer pena i li va dir si volia menjar alguna cosa. Va donar-li una mena de caldo llefardós que va empassar-se d'un glop sense ni preguntar què coi era. La coixa li acaronava el cap mentre menjava. Tenia un punt trist i reconfortant alhora. En acabat va poder trucar a un taxi; el conduïa un veí mig cec que tenia un Mercedes blanc dels anys setanta i que va cobrar-li deu dòlars per durlo a un hospital. Els metges van dir-li que si hagués trigat un dia més li haurien hagut d'amputar les mans. Va estar-se una setmana col·locat de Fentanil i Colistina en un llit del Gerehu General Hospital, i quan li van donar l'alta va tornar a Barcelona en un vaixell de MSC on havia trobat feina de soldador. Va baixar al port pensant que algú li fotria una punyalada al pit només arribar, però ja li era igual. Després d'aquell viatge havia perdut la por a la mort definitivament.

Va treballar netejant vaixells i portant cotxes carregats de marihuana de Tortosa a Perpinyà. Després va fer una vida relativament normal. Tenia feina de missatger. No bevia ni fumava ni es drogava, però feia cara de cadàver. Tenia trenta anys però no n'hi hauries posat menys de cinquanta, i tampoc més de quinze. En Prats va escoltar la història de la seva vida embadalit. En Ruben tenia la complexió física d'un adolescent i la veu d'un mariner alcohòlic.

—A la gent se l'ha de tractar com si fossin animals o no et fan cas —va dir mentre feia un glop de la tònica d'en Kilian—. Mira aquell gos —va assenyalar un pastor belga que jeia sota la cadira del seu amo. El gos duia una armilla de seguretat. S'hi podia llegir «no touch / no talk / no eye contact».

—Sembla perillós —va fer en Prats.

En aquell mateix moment el gos va incorporar-se, com si ensumés una mena de perill latent. Era un nano d'uns quatre anys que jugava despreocupat entre les taules, un d'aquells nens torracollons de qui ningú s'ocupa perquè els pares el deixen córrer. Es va apropar al gos i, just abans que el nano tan sols tingués la idea d'acaronar-lo o dir-li «guau guau bonito» —el nen parlava castellà—, aquella bèstia infernal va saltar endavant obrint la boca. Era com un tauró assassí del National Geographic. Li va anar d'un píxel que el gos no li arrenca la cara. El nen va girar cua esparverat, sanglotant, tot blanc. Algun pare va aixecar-se. L'amo del gos, un paio molt gros, tatuat, va agafar-lo del collar i el va renyar amb el dit índex estirat davant del nas, mentre li deia alguna cosa en alemany que aquella bèstia va semblar entendre. El gos semblava realment perillós. No s'entenia que aquell animal compartís el mateix espai vital que els éssers humans. Més enllà de vigilar camps de concentració i devorar nens jueus, no feia l'efecte que aquell gos pogués tenir una utilitat real, i molt menys ser algun tipus d'animal de companyia.

—A la gent li has de demostrar qui mana o estàs perdut.

Després de pronunciar aquelles paraules, en Ruben es va aixecar i es va col·locar rere el gos. El pobre animal ni ho va detectar, tal era la poca brusquedat amb què es movia en Ruben. Semblava un ninja. Tot va succeir molt ràpidament: amb un moviment molt precís i ràpid, va agafar-li la cua al gos i li va ficar un dit al cul. En Prats no entenia el que passava. Havíem entrat en territori dadà. L'animal va embogir. Va fer un salt de gasela, un metre ben bo, i el seu udol va ressonar per tota la plaça. El gos no entenia què havia passat i va començar a clavar queixalades a tort i a dret. Va mossegar-li la cara a l'amo, que estava tan sorprès que no va poder fer anar els braços per aturar aquella bèstia. Una mare va agafar el seu fill a coll. Se sentien xiscles i hi havia corredissa entre les taules. Gots i ampolles queien a terra. Un cambrer s'ho mirava de lluny. En Prats encara no s'havia pogut aixecar de la cadira, paralitzat. En Ruben va tornar cap a la taula amb aquella cara de nen malparit.

—Ja podem marxar, si vols.

(EXT. GRAN BASAR - CARRERÓ - DIA

El detectiu camina pel Gran Basar acompanyat d'un home gran, un avi amb cara de borratxo, molt fornit; es tracta d'IVAN LE MAGNIFIQUE, un antic trapezista soviètic, vestit amb gel·laba i una gorra de propaganda. Tots dos s'endinsen en un carreró. Només se sent cridòria i so llunyà de gralles. La càmera els segueix en pla mitjà frontal.)

IVAN

Això està ple de lladres.

DETECTIU

Em van parlar d'un home a qui anomenen l'Americà.

IVAN

No conec cap americà. Ah, calla, sí que en conec un. Treballava amb els agents del mal.

DETECTIU

Qui?

IVAN

Els agents del mal. Ja els vas veure. Duen perruca blanca i casaca. Vosaltres els anomeneu carlistes.

DETECTIU

Carlistes de l'espai.

IVAN

No tenen res a veure amb l'espai. Ells vigilen l'Home Dolent.

DETECTIU

Qui és l'Home Dolent?

IVAN

Va en una cadira de rodes. No pot parlar ni caminar. És mut i cec però ell és el culpable de tot. Saps el que et vull dir? Va clavar Jesús a la creu; va cremar Roma; va fer pujar Hitler al poder i va assassinar Kennedy; va destruir les Torres Bessones. Els conductors que atropellen ciclistes, els mossens pederastes, els maltractadors, els violadors, els piròmans, els assassins de iaies. L'Home Dolent és tots ells.

(El detectiu intenta seguir el ritme de l'Ivan entre la gentada.)

IVAN (cont.)
No tinguis por, nano. No n'hi ha per a tant.

DETECTIU
On és l'Home Dolent?

IVAN
Per què vols saber-ho?

DETECTIU
Crec que és el que va robar l'ídol de jade.

IVAN

Ell? Ho dubto. Mira, pot ser que aquell home condensi tot el mal de la humanitat, però només és un pobre vell indefens. Podries matar-lo d'un clatellot. Els agents del mal el tenen amagat en algun lloc a Nova Caledònia.

(L'Ivan agafa el detectiu per l'espatlla. Amb l'altra mà assenyala cap a algun lloc situat fora de camp.

TALLA A:

INT. HAIMA - GRAN BASAR - DIA

El detectiu i l'Ivan seuen sobre uns coixins de colors escampats sobre una catifa a l'interior d'una enorme haima. Allà dins hi ha MERCADERS, MÚSICS DE CARRER, FUMADORS D'OPI i una BALLARINA EXÒTICA al centre de totes les mirades, dansant seductora al ritme de la música. Davant d'ells, una tetera que fumeja i dues tasses.)

IVAN

Per extraordinari que pugui semblar-te, els agents del mal poden adoptar qualsevol forma per assolir els seus objectius malèfics. Vas fixar-te en les sabates dels carlistes?

DETECTIU

No. Em van semblar negres, simplement.

IVAN

Què?

DETECTIU

Negres. Sabates negres.

IVAN

Si els tornes a veure, fixa-t'hi bé. Les sabates de l'uniforme reglamentari dels agents del mal van ser materialitzades en un laboratori de Sumatra sota la supervisió de l'Americà, però l'home es va tornar boig mentre es produïa la fusió, de manera que les sabates van aparèixer totalment massisses. Massisses! Ho entens? Sense obertura de cap mena. Per això mateix els agents del mal es van veure obligats a tallar-se els peus per poder calçar-se.

(El detectiu s'escolta l'Ivan amb els ulls ben oberts però intenta dissimular la sorpresa fent un glop de te.)

DETECTIU

M'estàs dient que aquells paios no són reals.

IVAN

Jo només dic que a mi el que em fa por són els idiotes, no pas els fantasmes. Un fantasma no pot fer res contra la teva força de voluntat; en canvi, un idiota cabrejat i armat és immune a tot tipus d'energia mental.

DETECTIU

Però jo els vaig veure.

IVAN

Fes-me cas, aquests paios només són dins el teu cap. Torna a casa i veuràs que res del que va passar és real. Quan et trobis cara a cara amb un d'aquests brètols, treu-li les sabates. A partir d'aquell moment es convertiran en els teus esclaus.

(De cop i volta, l'Ivan desconnecta de la conversa i comença a aplaudir i a animar la ballarina, que gira sobre ella mateixa cada cop més de pressa.)

—Talleu. Hem de repetir.

En Prats estava molt content amb la feina d'en Bradley però hi havia un actor jove, l'Antoine, que no li acabava de fer el pes. Li costava molt aprendre's el text i s'entrebancava amb algunes frases. No vocalitzava del tot i això treia en Prats de polleguera. Ho havia intentat tot, però ja no hi podia fer més. Es moria de ganes de despatxar-lo, però volia donar-li una última oportunitat, i va decidir que era millor fer una pausa i cantar-li la canya a aquell jove. Se'l va endur al camerino amb l'excusa de repassar el guió. Per la cara que feia, l'Antoine ja sabia que ho estava fent malament, era aquell rostre de derrota i resignació que fas quan descobreixes les teves limitacions com a humà. Ni tan sols va prendre la determinació de parlar primer i excusar-se. Es va limitar a fer que no amb el cap.

—Mira, Antoine, estic segur que ens en sortirem, però t'has d'esforçar una mica o farem anar malament tot el grup. I això no ho volem. —En Prats no sabia com tractar els actors, però un amic psicòleg li havia recomanat que parlés amb ells com si fossin nens petits.

—M'estic esforçant molt, Kilian, t'ho juro!

—Ho sé. Ho sé. I estàs fent-ho cada dia millor, però no n'hi ha prou. Estem buscant l'excel·lència. El teu paper el pot fer qualsevol actor, però he confiat en tu. Necessito que em donis el dos-cents per cent. Hi ha cinquanta nanos joves esperant poder treballar amb mi i fer el teu paper. Jo vaig veure que tenies màgia. Al càsting ho vas donar tot. Et vaig veure *brillar*. Però potser m'he equivocat.

—El director de l'Institut del Teatre em va violar.

Les paraules van ressonar, profundes, dins el cap d'en Prats, però fins que no va acabar de desxifrar-ne el significat li van fer el mateix efecte que hauria tingut una frase en hongarès.

—Perdona?

—Va abusar de mi. Estic anant a teràpia però encara no m'he pogut recuperar. Per això de vegades em bloquejo. Però ho intento, Kilian, de debò.

No hi havia manera de reconduir aquella conversa. En Prats estava venut. Va agafar una ampolla d'aigua de la nevera i se la va beure sencera tot i que no tenia gens de set. L'Antoine esperava una resposta que no va acabar d'arribar. En Prats va tocar-li l'espatlla, però de seguida va enretirar la mà. Va mirar-se el nano i va assentir amb el cap. No tenia ni idea de per què ho estava fent. Es va aixecar de la cadira i l'Antoine va imitar-lo.

—Va, anem a rodar.

(INT. CASA D'ANTOINE - DIA

Panoràmica a través dels passadissos fins a arribar al menjador. La casa és pràcticament buida. Els pocs mobles que hi ha estan embalats amb bosses d'escombraries de color negre. Les finestres són obertes. Al mig del menjador hi ha l'ANTOINE, lligat de mans i peus amb filferro espinós i emmordassat amb un drap brut. El DETECTIU entra al menjador, pistola en mà, i reconeix l'Antoine. Li treu el drap de la boca.)

ANTOINE

Detectiu! Gràcies a Déu! On són els carlistes?

DETECTIU

Qui t'ha fet això?

(L'Antoine abaixa la mirada i es posa a sanglotar. El detectiu intenta desfer els nusos del filferro, però les punxes li fan ferides a les mans. L'Antoine se'l mira i fa que no amb el cap.)

ANTOINE

Deixa-ho, és inútil. No trigaran a tornar amb més eines. No em deixaran anar fins que els digui el que volen sentir. Fes-me un favor, vols? Busca l'Home Llest i digue-li que soc aquí. Serà demà a les oficines d'en Kenny

Corcoran a les nou del vespre. Ja sap qui ets.

(El detectiu continua provant de desfer el filferro. Mira al seu voltant per veure si troba alguna eina quan de sobte sentim SOROLL DE PASSES I VEUS que venen de l'escala.)

ANTOINE

Has de marxar d'aquí! Han parat trampes per tota la casa! Corre! Surt per la finestra!

(El detectiu es queda mirant l'Antoine. Sap que no li està mentint i que l'únic que pot fer és sortir d'allà.

TALLA A:

PAN de set de rodatge a PG equip de direcció i veiem el DIRECTOR dempeus, amb les mans a la cintura. Passem a càmera en mà durant tota l'escena.)

DIRECTOR

És bona. Anem a preparar el salt per la finestra. On és el doble d'en Bradley?

(L'ajudant de direcció mira al seu voltant, buscant algú. En Bradley passa pel costat del director mentre obre un paquet de tabac.)

BRADLEY

Surto a fumar.

AJUDANT DE DIRECCIÓ

Ara porten el doble. És a maquillatge.

DIRECTOR

Que s'afanyin, que no tenim tot el dia.

AJUDANT DE DIRECCIÓ

Mira, ja és aquí.

(Moviment de càmera brusc i veiem entrar el DOBLE DEL DETECTIU. És un home baixet, de nacionalitat indeterminada però probablement peruà. El director es treu les ulleres.)

DIRECTOR
Tu ets el doble?

DOBLE
Sí señor.

(El director se'n va a parlar amb l'ajudant de direcció.)

DIRECTOR
Aquest tio fa metre cinquanta. Com cony ha de ser el doble?

AJUDANT DE DIRECCIÓ
No ho sé. La gestió la van fer des de producció. Jo vaig demanar un doble d'en Joel Joan.

DIRECTOR

Mecagumlaputa. En Joel i en Bradley fan gairebé dos metres.

(El director es mira el de fotografia i li fa un gest amb el cap. El director de fotografia s'aixeca de la cadira i es grata el cap.)

DIRECTOR DE FOTOGRAFIA

Aviam. Jo crec que si rodem amb el teleobjectiu de 30-300 no es notarà la diferència.

(El director es desespera.)

DIRECTOR

Doncs fem-ho. Igualment no tenim temps. (A L'AJUDANT DE DIRECCIÓ.) Agafa el nan aquest i porta'l al set de la finestra.

(El director seu a la cadira i se serveix un altre cafè. POV del director: l'ajudant parla amb el doble. Sentim el diàleg clarament però des de lluny.)

DOBLE

¿Pero hay una colchoneta o algo en el suelo?

AJUDANT DE DIRECCIÓ

Sí, sí, tranquil.

Davant d'ells hi havia un Citroën C3 conduït per una vella xaruga que no passava dels quaranta per hora i allò estava traient de polleguera en Prats.

—Saber conduir —va dir amb un esbufec.

—Els accidents els provoca la gent que va a poc a poc. Aquesta puta iaia causarà més morts que qualsevol quillo a cent vuitanta per les rondes —va dir en Bradley amb una mà al volant i l'altra a l'entrecuix—. La gent confon lentitud amb prudència. S'ha matat més gent avançant padrines que fotent-se clenxes de farlopa sobre el *tablier* mentre fas *drifting*. No us penseu que soc un malalt de la velocitat, eh? Vaig amb una merda de monovolum. Jo no corro. Ja no. Ho havia fet. Jo sé el que és anar de pressa, nois.

He conduït un Chevrolet Corvette a dos-cents setanta amb en Johnny Beirut. Anava per la carretera de les Aigües amb el cap per fora de la finestra com l'Ace Ventura, borratxo perdut. Un dia vaig tenir un ensurt gros: en vaig trobar un altre que anava encara més borratxo que jo contra direcció pel meu carril amb una pickup Toyota de tres tones. Vaig fotre volantasso i el vaig esquivar, però el tio es va espantar i va empotrar-se contra la tanca.

—Encara sort.

—Ja. Hi havia una prostituta parant la fresca allà. La va enganxar de ple. Pam. Va quedar incrustada al capó. Van haver de treure trossos de carn del radiador del cotxe amb una karcher. Mal rotllo.

—Mal rotllo —va fer en Ruben. No havia dit res en tot el viatge.

—És aquí —va indicar en Prats.

En Bradley va maniobrar suaument per deixar el cotxe aparcat ben bé davant de la porta.

Quan van baixar del cotxe, en Bradley va ferli un gest amb el cap a en Prats.

—Psst. Has parlat amb l'Antoine?

En Prats va fer que sí amb el cap.

—I què penses fer? Cada dia ho carda pitjor, aquest nano.

—No podem fer-hi res.

—Què vols dir? Em pensava que te'l volies petar.

—No puc. En Joan Ollé el va violar.

—Què?

—M'ho va dir l'altre dia —va fer en Prats mentre entrava a recepció. En Ruben el seguia de prop sense entrar en la conversa—. No puc provocar-li més traumes.

En Bradley es va quedar paralitzat, amb les claus del Tesla a la mà.

—Però què dius? A aquell nano no l'ha violat ningú.

—Em va dir que sí. No soc ningú per jutjar-lo. Ja tinc prou maldecaps. Ara l'únic que m'interessa és que el nan peruà no es quedi paraplègic.

Feia estona que esperaven a la sala de reunions i en Bradley i en Ruben es van posar a jugar amb una xapa de cervesa. La feien giravoltar a l'aire i havia de caure sobre el front aviam si s'aguantava. En Ruben era molt bo en aquell joc —n'havia après quan treballava fregant plats a Irlanda— i guanyava sempre. En Bradley perdia cinc a zero. No hi tenia gaire traça, i tampoc no ajudava el fet que s'havia fotut tres ratlles de coca al lavabo.

En Prats no es drogava. Sí, és clar, s'havia fotut fins al cul de cocaïna perquè absolutament tothom, excepte un parell d'integristes vegans d'una secta rara, es fotia coca al món del cinema. A partir d'un cert nivell, sempre hi ha algú oferint farlopa rere les cantonades. Encara que no en vulguis, te n'ofereixen. Pots dir que no, és clar, ningú no t'obliga a esnifar. Però, ai, amics, si n'és de feble la carn, especialment la del paladar tou. En Prats n'havia tingut prou de cocaïna perquè és molt divertit esnifar-ne, però no tant quan tothom al teu voltant està enganxadíssim. És molt complicat treballar amb farloperos: no es comportaven, no rendien, perdien tot tipus d'eficàcia. N'hi havia un fart.

—Ara va la bona, eh!

En Bradley va pronunciar la frase però era difícil d'entendre-la degut als moviments espasmòdics de la seva mandíbula. Va tirar la xapa a l'aire. En Prats mirava un vídeo a YouTube de gent netejant catifes amb aspiradores industrials. Va aixecar la vista del mòbil amb un lleu interès i va veure brillar el metall daurat a la llum del capvespre que s'escolava pels finestrals. La xapa va girar i girar i va caure-li dins la boca a en Bradley.

—Hahhaha!

En Ruben es pixava de riure. En Bradley no tant. S'havia empassat la xapa i li havia quedat a mitja tràquea. S'estava ofegant. No semblava broma. En Prats va aixecar-se de la cadira.

—Vols dir que no s'està escanyant? —va dir-li a en Ruben.

En Bradley havia caigut de genolls amb llàgrimes als ulls, intentava estossegar però dels pulmons només li sortia un ronc animal. En Ruben va deixar de riure i el va agafar per la cintura per intentar fer una maniobra de Heimlich, però no se'n sortia; en Bradley era massa alt i gros. En Prats volia trucar a emergències, però no sabia mai si era el 112 o el 012. Eren massa semblants. Ho haurien d'haver previst.

—Portem-lo a un hospital. S'està posant lila.

En Ruben no deia cap bestiesa. En Bradley

respirava, però la cara ja tenia un color granatós i no calia ser metge per saber que no era bon senyal. En Prats va recordar que al carrer del davant de la Corporació hi havia una clínica privada i va pensar que cap metge neoliberal li denegaria ajuda mèdica a un cocaïnòman moribund. Van fer baixar en Bradley com van poder per les escales i el van empentar pels passadissos fins a la sortida de mercaderies. Era sorprenent com en Ruben se sabia ja totes les dreceres d'aquell edifici monstruós en només dos dies. Van arribar a la recepció de l'hospital a empentes i rodolons. L'estampa era tristíssima. Es va obrir la porta de l'ascensor i de dins en va sortir un infermer. El pobre nano no s'esperava trobar-se aquells tres adults abraçats. En Prats va intentar explicar el que passava però estava molt nerviós.

—S'està ofegant!

—Porteu-lo per aquí. —L'infermer semblava un noi ferm, i no va deixar-se impressionar per l'aspecte lamentable d'aquells tres desgraciats. Els va fer passar a una saleta i van estirar en Bradley a la llitera—. Què ha passat?

—S'ha empassat una xapa.

—Com?

—Una xapa de cervesa.

L'infermer va fer cas omís de la informació. Va obrir-li la boca a en Bradley, que semblava al caire de la mort; estava cianòtic i amb prou feines es movia. L'infermer va agafar unes pinces llargues i va inserir-les a la boca del moribund. Amb un moviment precís va extreure la xapa del coll i es va sentir un gargall i un esbufec. En Bradley va posar-se dempeus d'un salt. La seva expressió facial era la d'un home que havia mort, havia vist Déu i havia tornat. En Prats va desplomar-se sobre una cadira de plàstic. En Ruben reia per sota el nas. L'infermer va agafar en Bradley per les espatlles i el va obligar a estirar-se a la llitera.

—No es mogui. Vull mirar-li les constants per veure si tot està bé.

Va col·locar-li un tensiòmetre al braç i es va quedar al seu costat. En Bradley no parlava, però semblava prou tranquil. En Prats va interessar-se pel seu estat.

—Està bé, doctor?

—Soc infermer. Sí, està bé. Veig que té la pressió a 125/78. Tot en ordre. Vaig a buscar el doctor perquè li faci un informe.

L'infermer va sortir de la saleta. En Bradley havia tancat els ulls i en Ruben i en Prats van acostar-se per veure si tot estava bé. En notar la presència d'aquells dos, va fer un salt i es va posar dret.

—Tios, tios! Pensava que la dinyava, fortíssim!

Va ficar-se la mà a la butxaca i en va treure la seva bosseta de cocaïna de la Hello Kitty. En Prats no donava crèdit al que veia.

—Ho necessito, eh, perdoneu, pensava que em moria, això s'ha de celebrar —va dir en Bradley mentre es feia una ratlla de coca sobre la llitera. Encara duia posat el tensiòmetre—. Vinga, ja podem marxar.

En aquell instant va entrar l'infermer amb el metge. L'home era moderadament esquerp, duia unes ulleres fines i tenia una veu aspra.

—Com es troba? —va fer sense mirar ningú en concret.

—Molt bé —va dir en Bradley mentre tornava a estirar-se a la llitera.

El metge va engegar el tensiòmetre i va fer cara de no entendre res. Es va mirar l'infermer.

—No m'has dit que estava bé?

—Estava a 125, sí.

—Marca 195/94.

L'infermer va acostar-se al metge i tots dos van mirar-se el tensiòmetre. Efectivament, marcava 195/94. En Bradley estava al caire d'una crisi hipertensiva.

—Posa-li Captopril.

L'infermer va punxar en Bradley i el metge va dir-li que es quedés allà estirat, que de seguida tornarien per donar-li l'alta. Tan bon punt van sortir de l'habitació, en Bradley va preparar-se una altra ratlla. En Prats no sabia on ficar-se.

—Va, nanos, marxem!

El metge va entrar i es va trobar en Bradley dret. Va fer-lo jaure a la llitera i va mirar-li la tensió altre cop. Marcava 194/93. Anys de dedicació a la medicina i a l'estudi del cos humà s'escolaven davant dels ulls d'aquell home.

—Com pot ser?

Va tornar a sortir de l'habitació i va tornar amb un company de feina. Es van mirar en Bradley i van auscultar-lo. A en Ruben se li escapava el riure. Va haver de sortir de l'habitació. En Bradley intentava aguantar-se el riure. Estava plorant.

Els van deixar marxar al cap d'una hora, quan a algú li va passar pel cap fer-li un test de drogues. Tots tres van negar-s'hi a l'uníson i van marxar donant les gràcies i fent reverències. Van tornar a la sala de reunions. Encara no havia sortit ningú a dir que ja podien entrar.

—Perdoneu una cosa, de què anava aquesta reunió? —va demanar en Bradley amb tota la innocència del món. No hi havia cap ombra de sarcasme en aquella pregunta.

—No ho sé —va fer en Prats—. Ruben?

En Ruben va fer cara de buldog francès i en Prats es va mirar el rellotge. Era tard. Van decidir marxar.

—No sé què hi faig aquí. No puc perdre el temps. Tinc l'equip de rodatge aturat.

—És només perquè hi donis el vistiplau —va dir la noia de producció mentre li allargava un iPad.

—Què és?

—El guió de la seqüència dels miralls.

—Però si ja està escrit!

La Regina s'estava en un racó de la sala. No tenia intenció d'intervenir en aquella xerrada, però sabia que si no ho feia la cosa es complicaria en excés. Quan estava a punt de parlar, un home amb americana i una samarreta dels Ramones del Zara va deixar anar un discurs que devia dur preparat de casa.

—Kilian, volen escriure i planificar tota la seqüència amb intel·ligència artificial. Han agafat un ordinador i li han fet veure vuit-centes pel·lícula de detectius i llegir totes les novel·les policíaques de Manuel de Pedrolo i sis diccionaris normatius catalans. Després d'entendre-ho i processar-ho tot, ha generat un guió de cent trenta pàgines i l'han enviat a producció per extreure'n un fragment i calcular costos. Han vist que la seva escena sortia més barata que la seqüència que proposaves. És un tema d'abaratiment de costos simplement, no t'ho prenguis com una cosa personal.

En Prats no sabia com posar-s'hi. La noia, que es deia Sandra o Maryjane, va mirar de fer un somriure conciliador però en Prats estava molt lluny de calmar-se. La Regina li va fer un gest amb la mà perquè baixés una mica de la moto. En Prats va agafar l'iPad de mala gana.

—Per què no ho teniu en paper? No penso llegir un guió en una *tablet*.

En Prats es va mirar la Regina. Ella va respondre amb l'esma d'un robot.

—La fotocopiadora no va bé perquè una assistent de producció ha fet dues-centes vuitanta-vuit còpies perquè no li han deixat comprar una agenda que no entrava al pressupost i ha hagut de fer ella l'agenda, que són aquestes dues-centes vuitanta-vuit còpies. No podrem fer còpies fins que no vinguin a canviar el tòner, i el del tòner no ve fins demà perquè fa jornada partida.

En Prats va fer veure que no havia sentit allò i va clavar els ulls a la pantalla de l'iPad.

(INT. MUSEU DE CERA - SALA DELS MIRALLS - NIT

L'acció se situa en un museu de cera. Roll focal paral·lel sobre algunes figures de mandataris merovingis. Sona una simfonia de Nou Món allegro-con-fuoco de quartet de jazz postnuclear. El protagonista detectiu Bogart Júnior entra a la sala dels miralls. S'esmuny poèticament en escorç entre les estàtues. Hi ha ombres i foc de silueta d'antagonistes.

El doctor Malvat està enfilat sobre la seva màquina de suïcidi. Duu una màscara d'or asteca que brilla sota els focus de males intencions. Riu amb rialla de terror i malefici.

El detectiu produeix una pistola i apunta el Doctor Malvat.)

DETECTIU

Quiet aquí clavat! Ja ets pell i ossos, arxienemic/nèmesi. Pagaràs per haver segrestat la filla de l'agrimensor.

DOCTOR

No em facis riure, mitja cerilla. No aconseguiràs mai el falcó de jade del príncep Bhandra.

DETECTIU

Vols-t'hi jugar alguna cosa?

(El detectiu fa anar el botó de la trapa i un cordill de corda de vaixell cau sobre el doctor Malvat. Inesperadament apareixen sis motoristes que eren motos. El doctor aconsegueix escapar-se amb un moviment de grua capcalent de la the extreme closeup shot i desapareix en ombra i boira blava.

TALLA A NEGRE.)

—Perdoneu, què és aquesta puta merda?

—És l'escena dels miralls.

—Però qui ho ha escrit, això?

—Una intel·ligència artificial.

—Què?

—Un *software* nou. Ens ha costat quinze mil euros.

—Però què polles vol dir «sis motoristes que eren motos»?

—S'hi han de fer alguns ajustos. El català no és *default*. Necessita un *patch*.

En Prats es posava nerviós quan l'interlocutor feia servir massa paraules en anglès. La Sandra/Maryjane no ho feia amb mala fe, però en Prats volia escanyar-la allà mateix. El nano de la samarreta dels Ramones va acostar-se a en Prats.

—Les coses estan canviant molt, Kilian. Fer cinema ja no és el que era quan tu i jo estudiàvem. La gent està preocupada per altres temes, noves sensibilitats, entens? Hem d'acostar-nos a aquest tipus de públic que no entén l'art de la mateixa manera que nosaltres. Els estímuls han de ser diferents. Tu dones molta importància al guió i a la fotografia, però els joves volen altres coses. Saps que estan dissenyant una màquina que transforma les paraules en ultrasons? Ens estalviem escenes de diàlegs llargs; anem a buscar la sensació pura —va deixar anar, i es va quedar tan ample.

En Prats volia fugir. Va estar-se una estona buscant la gavardina fins que va adonar-se que la duia posada.

Aquell dia tocava sessió de postproducció d'àudio. La pel·lícula encara no estava acabada, però en Prats volia saber com quedaria la veu en off en algunes escenes. Volia que la veu fos la d'en Jordi Boixaderas però Herr Produktor havia recomanat que seria millor la de l'Òscar Dalmau, que tenia més tirada entre els joves i molts més *followers* a Instagram. L'Òscar va presentar-se puntual i va començar a gravar veus en off d'una tirada. En Prats va arribar tard i la feina ja estava gairebé feta. L'Òscar el va veure arribar, va acabar de dir la frase que li pertocava i va sortir de la sala per saludar-lo.

—Kilian, un plaer.

En Prats va fer l'encaixada de rigor, es va excusar per haver arribat tard i va dir que ja es miraria les escenes.

—Perfecte. Jo ja estic —va fer l'Òscar—. Si hi ha qualsevol cosa suposo que ja m'ho diran.

—Sí, ja et trucarà algú de producció.

Abans de marxar, l'Òscar va acostar-se a en Prats.

—Pst, Kilian, el teu guió era boníssim. No deixis que te l'escrigui una màquina.

Hi havia reunió d'urgència a les oficines centrals de la productora. Era un edifici de vint-i-dues plantes al mig de la Diagonal, un penis monstruós de ciment i acer que havia dissenyat un arquitecte islandès. En principi era una reunió informal per debatre alguns aspectes de l'auditoria de gènere. En Prats estava disposat a passar pel tub amb la condició que li respectessin els dies de rodatge, perquè ja havia cedit en absolutament tots els aspectes i el seu ego ja no li permetia més flexibilitat.

Des dels grans finestrals de la recepció van poder veure com la Clàudia i la segona de producció baixaven d'un taxi. No estaven convidades a la reunió, de manera que devia ser un tema important. Duien un plec de papers sota el braç. La Clàudia estava alterada i parlava amb un fil de veu.

—Tenim un problema.

—Ens queden dues setmanes.

—Una setmana.

—Com?

En Prats tafanejava Twitter amb indolència. En Leo DiCaprio ho havia deixat amb la seva xicota de vint-i-sis anys i ara sortia amb una de vint-i-dos. Li semblava haver llegit aquella notícia setanta vegades. No estava parant gens d'atenció a la conversa que succeïa davant seu fins aleshores.

—Què dius d'una setmana? Queden quinze dies de rodatge.

La Clàudia va empassar-se saliva.

—He anat a imprimir el *planning* del dia i a l'encapçalament hi diu que el rodatge acaba el 16 d'octubre.

En Prats es va aixecar i va arrancar-li els papers de la mà a la segona de producció, la Suhaila. El nom tenia clares reminiscències àrabs, però la noia era blanquíssima i de Manlleu. Duia molts tatuatges i píercings. Efectivament, a la marca d'aigua del document hi deia «final de rodatge 16/10/25». La Regina va aixecar-se de la cadira. En Prats treia foc pels queixals.

—Què és aquesta merda?

—Doncs no ho sé, però si ho diu aquí és que ho han canviat des de producció executiva.

—Impossible. Saben perfectament que no podem acabar en una setmana.

—Però què collons?!

En Prats va començar a donar voltes. Ja s'estava posant histèric. La Regina buscava contactes al seu mòbil.

—Mira, Regina, és igual. Parlo amb el productor i ja està.

—Amb qui?

—Amb Herr Produktor.

—No et farà ni cas.

En aquell instant va sorgir una veu d'algun lloc. Era en Ruben.

—Ja hi vaig jo.

Ningú va gosar dir res. En Prats va caminar fins a l'ascensor, obviant els gestos d'horror de la recepcionista, i van pujar fins a la planta setze. En Ruben feia passar una moneda de dos euros entre els dits com si fos una fitxa de pòquer. A la planta setze van passar per davant d'un vigilant de seguretat que no va gosar demanar-los acreditació i es van plantar a l'oficina de Herr Produktor. Abans de creuar la porta els va aturar un elegant homosexual. Era en Roderic, un secretari molt educat tot i ser de Vinebre.

—He de parlar amb Herr Produktor.

—Impossible. Té un dinar molt important a les dues en punt.

En Prats va mirar el rellotge. Eren les dotze.

—Són les dotze.

—Sí, però a ell li agrada arribar puntual als llocs.

—On és el dinar?

—Al Via Veneto.

En Ruben va saltar.

—Però si el Via Veneto és a cinc minuts a peu, fill de puta.

En Roderic va mirar a terra. En Ruben va anar directe a la sortida. En Prats seguia palplantat davant del secretari i no va reaccionar fins que no va sentir petar la porta.

Van creuar l'avinguda Diagonal esquivant cotxes farcits de gent estressada, amuntegats com escarabats al pas de vianants. En Prats el seguia com podia. Tot i tenir les cames curtes, en Ruben caminava a una velocitat de boig.

—Però on vas?

—A la pizzeria calabresa de Villarroel. Al puto gordo de merda li agrada menjar-se una pizza abans dels dinars per no quedar-se amb gana.

Van creuar el carrer. Efectivament, Herr Produktor era dins la pizzeria. Aquell gegant mòrbid s'estava fotent una calzone i una coca-cola de litre i mig. En Ruben va agafar una cadira i s'hi va asseure davant.

—Tu no tens un dinar a les dues, puto gordo?

A Herr Produktor li va caure un tall de pernil de la boca. En tota la seva vida ningú havia gosat parlar-li en aquells termes. En Prats va notar que el cor se li aturava durant uns segons i va intentar amagar-se rere una palmera de plàstic.

—Qui és vostè?

Herr Produktor no sabia realment qui era en Ruben, però aquella pregunta era més un crit d'auxili que un dubte real.

—No tenim temps per a merdes, em sents? Ens han avançat la data de final de rodatge una altra vegada. Qui ho ha autoritzat? El meu nano necessita una setmana més, que és el que havíem acordat. Què collons passa amb vosaltres?

—Escolti, no sé de què em parla.

—Vols que et fiqui l'ampolla de coca-cola per la tràquea?

Un dels cuiners calabresos, un paio que treballava amb la pistola amagada sota el davantal, va aixecar la mirada. En Prats ho va advertir i va fer un gest indesxifrable amb les mans. En Ruben volia agafar Herr Produktor pel coll, però simplement va acostar-se-li molt.

—Sé on viuen les teves filles.

Herr Produktor va començar a suar. Va fer-se enrere lleument i va buscar el mòbil dins l'americana, que reposava al respatller de la cadira.

—Faré una trucada.

—Truca a qui vulguis, envia un whatsapp o un colom missatger, em sua la polla. Però si abans d'una hora no ens telefonen per dir-nos que la data de final de rodatge és la que vam pactar, aniré a buscar-te al Via Veneto, et trencaré els braços i et donaré pel cul sobre la taula davant dels teus socis.

En Prats estava suant sense parar. No sabia on ficar-se. Les cames li tremolaven. El cuiner calabrès feia estona que es mirava l'escena fixament. En Ruben es va aixecar de la cadira i va fer-li un gest amb els dits a Herr Produktor, que s'havia quedat congelat amb el mòbil a la mà, mirant-los de fit a fit.

—A aquesta gent se l'ha de tractar amb psicologia, Kilian.

En Prats es va descordar un altre botó de la camisa. Un núvol havia tapat el sol però seguia fent calor.

A les set del matí va sonar l'alarma. Va tornar a sonar a les set i cinc i després a les set i deu, i a un quart de vuit en Prats va llançar el mòbil per la finestra.

Feia dies que li rondaven pensaments estranys pel cap. Mentre conduïa per la ronda tenia fantasies perilloses. S'imaginava fent mitja volta i accelerant en sentit contrari fins a encastar-se de cara contra un camió. Qualsevol alternativa a arribar al plató li semblava bona. Tenia el cervell fos, la inspiració se li havia esvanit en una mena d'aiguamoll. No podia treballar en aquelles condicions i la medicació no hi ajudava —havia substituït les classes de pilates per una ingesta sense aprovació mèdica de benzodiazepines.

Mentre conduïa va sonar el telèfon.

—Crac! Com vas? Què et fa el fusell, nano? —Era en Cabanes, l'amic satanista de les criptomonedes.

—Ei, et truco desp...

—He trobat casa a Andorra. Una mansió de sis dormitoris. T'encantarà. Han fet fora el propietari perquè tenia dos micos empadronats a la casa. Micos! T'ho pots creure? Dos titís. Tenien passaport andorrà, tu.

En Prats va penjar. Amb prou feines sabia com funcionava aquell mans lliures però podia penjar. Al cap d'uns segons va tornar a sonar. Era un número ocult.

—Senyor Prats?

—Digui. Qui és?

—Li truco de producció. Per recordar-li que té visita amb *(inaudible)* aquest matí a les onze.

En Prats va intentar mirar l'hora. No duia rellotge.

—Quina hora és?

—Són les nou.

—On hem quedat? Perdoni, amb qui parlo?

—El senyor *(inaudible)* serà al plató a les onze.

Una altra trucada. Va aparèixer el missatge

«contestar». Era la primera vegada que el cotxe li permetia fer allò. Va contestar.

—Digui. Qui és?

—Aturi el cotxe.

—Perdoni?

—He dit que aturi el Tesla. Posi els quatre intermitents i freni a la primera zona de descans.

—Crec que s'equivoca.

—No es faci el suec, senyor director. Som al cotxe de davant. Em veu?

En Prats va mirar el cotxe del davant. Era un Ford Fusion gris, molt atrotinat. Des del seient del darrere, un paio amb barret i ulleres de sol el saludava. El Ford va anar reduint la velocitat fins que en Prats no va tenir més remei que frenar i entrar a l'àrea de descans.

—Però què collons...

En Prats va quedar-se dins el cotxe. Del Ford en va sortir un gegant de dos metres que va picar a la finestra del conductor amb un dit índex que semblava una botifarra de perol. En Kilian va sortir i va acompanyar el gegant, que va obrir-li la porta del copilot del Ford Fusion. En Prats va seure. L'home del darrere li va posar una mà enguantada a l'esquena.

—Senyor director. Com va tot? Se'n recorda del seu amic Bradley Irigoyen?

—Què li passa?

—Que no podrà tornar a tocar el piano. Obri la guantera.

En Prats va obrir la guantera. A dins hi havia dues mans amputades. Tota la guantera estava plena de sang.

—Déu meu, què és això?! —En Prats volia sortir del cotxe, però no va aconseguir trobar la maneta. El senyor del barret i el gegant reien sense parar.

—Hahaha! —L'home del barret reia com un boig—. Tranquil, home, tranquil. No passa res, no són les mans d'en Bradley. Són d'una altra persona sense importància!

En Prats va trobar la maneta per obrir la porta, però el cotxe estava ben tancat.

—Esteu sonats. Deixeu-me sortir!

Els dos homes van deixar de riure. El paio del barret es va posar seriós de cop.

—Això és només una advertència. La propera vegada seran les teves mans.

La porta va obrir-se de cop i en Prats va caure a terra i va picar de cap contra l'asfalt. Només volia fugir d'allà. Va córrer cap al Tesla mentre sentia riure de lluny. Quan va girar-se, el Ford Fusion ja no hi era.

Es va despertar al cotxe. S'havia adormit al pàrquing de la Corporació. Va mirar el mòbil —no l'havia llençat per la finestra aquell matí?— per veure quina hora era i va descobrir que tenia setze trucades perdudes de la Regina. Va sortir del cotxe mentre revisava els missatges de whatsapp —n'hi havia dos-cents cinquanta-cinc sense llegir—; va obrir la safata d'entrada del correu electrònic: canvis d'última hora, revisió final, reunió posposada, reunió anul·lada, nova reunió. Va dipositar el mòbil a la paperera de l'entrada i va seguir el seu camí xiulant.

Quan va ser davant de plató es va trobar el nen obès.

—Kilian, què passa? Acabaràs la pel·li o no?

En Prats va aturar-se davant del nen i va ajupir-se fins que les seves cares van estar a la mateixa altura.

—Vols dirigir una pel·lícula, nano impertinent?

—M'encantaria —va fer el nano.

Van entrar tots dos a plató. Tot l'equip de rodatge estava preparat. En Prats no tenia ni idea de quina escena estaven rodant. Feia dies que no es mirava el pla de rodatge. Va fer seure el nen a la seva cadira de director.

—És còmoda? T'agrada? Doncs som-hi.

En Bradley es mirava l'escena des del set de rodatge.

—Tot bé, Kilian?

—Tot perfecte —va fer mentre s'encenia una cigarreta—. Aquesta escena la dirigirà el nen gordo.

El nen gordo estava a la seva salsa. No hi havia cap ombra de dubte ni por en la seva mirada. El director de fotografia va acostar-se a en Prats.

—Escolta, què passa?

—No passa res. Com ho vols fer, nano?

El nen gordo tenia les mans creuades sobre el pit.

—Puc veure l'*storyboard*? —va fer el nen com si portés tota la vida allà. De fet, potser era així.

En Prats va fer petar els dits i algú va aparèixer amb un *storyboard*. El nen obès se'l va mirar mentre feia gestos d'aprovació amb el cap. En Prats volia un cafè i va aturar una noia de producció que no havia vist mai.

—Em pots portar un capuccino, si us plau?

La noia va agafar la seva carpeta i un bolígraf.

—Ho apunto i ara miro a veure si ho poden gestionar els de...

—PORTA'M UN PUTO CAPUCCINO MECAGUMLAPUTA.

El crit es va sentir fins i tot a dins de la sala insonoritzada on realitzaven el *Telenotícies*. L'equip de rodatge havia quedat glaçat. Fins i tot el nen gordo, que estava absolutament concentrat en l'*storyboard*, va alçar la vista per veure d'on venia aquell esgarip. La noia de producció va marxar plorant i va creuar-se amb Herr Produktor i el seu *entourage* habitual. Hi havia en Juanito i una assistent, però també l'acompanyaven dos executius. En Prats era incapaç de reconèixer cap rostre. Herr Produktor va entrar a plató com si allò fos casa seva —ho era—

parlant amb aquells executius i fent grans escarafalls.

—Tot bé per aquí, Prats? —va fer en veure'l.

En Prats s'hi va acostar. Estava completament fora de si.

—M'has enviat uns tios a amenaçar-me? Has enviat uns sicaris perquè em tallin les mans? Et penses que no acabaré aquesta pel·lícula? L'acabaré de rodar encara que sigui l'última cosa que faci a la vida.

—Perdona, què estàs dient?

Herr Produktor no era un home avesat a les discussions a viva veu. Li faltava carrer. A en Prats també, però a aquelles altures ja havia perdut tota referència de la conducta social. La primera empenta la va donar ell. Herr Produktor va intentar apartar-lo amb la mà, però en Prats ho va interpretar com una agressió i tot va desbocar-se en pocs segons: algú de l'equip tècnic va deixar caure un focus i es va sentir una explosió, l'assistenta va fer un xisclet en veure que sortien flames d'algun lloc, però ningú més les va veure. El director de fotografia va valorar la possibilitat d'aturar la baralla, però va pensar que era millor no ficar-s'hi. En Prats i Herr Produktor, aliens a tot, s'esbatussaven ridículament a terra. En Bradley s'hi va afegir i va començar a clavar puntades de peu al productor. El nen obès aplaudia l'escena. En aquell moment va arribar en Ruben, i els executius que acompanyaven Herr Produktor, en veure el panorama, van fugir per cames. En Ruben va apartar en Prats amb tota la força dels seus bracets rabassuts i el va enviar a l'altra punta del plató. Herr Produktor va poder incorporar-se i aleshores en Ruben va saltar-li a sobre i va començar a escanyar-lo davant de la mirada de tot l'equip tècnic. Ningú va moure un dit. Herr Produktor ja tenia la seva cara enorme de color lila. En Prats va veure l'escena mig desenfocada. S'havia colpejat el clatell amb el suport de la grua i va pensar que es moria o que s'havia quedat paraplègic. De lluny, mentre perdia el coneixement, va sentir crits i portes que s'obrien. Algú deia que truquessin als bombers. Entre les flames que consumien el plató li va semblar veure aparèixer un àngel, una figura refulgent que li deia: «Tranquil, Kilian, només és una pel·lícula».

(INT. CENTRE PENITENCIARI QUATRE CAMINS - MENJADOR - DIA

Som al menjador de la presó. Asseguts a la mateixa taula, en Prats i en Ruben.

És hora de dinar, alguns PRESOS han acabat de menjar i deixen les safates buides sobre una taula. D'altres parlen asseguts sota la mirada dels VIGILANTS, que s'estan drets a cada punta del menjador.

A la taula del costat dels nostres amics hi ha una taula plena de NEONAZIS, paios molt alts, molt musculats, plens de tatuatges d'esvàstiques i creus celtes. S'escolten amb atenció el que diu un d'ells, que sembla ser el líder del grup, una bèstia de dos metres a qui anomenen MANFRED EL NAZI.

Penjat sobre una columna hi ha un televisor. Fa estona que ha començat el *Telenotícies*.

En Bradley arriba amb una safata plena a vessar de menjar.)

BRADLEY

Heu tastat la vedella amb bolets? Està de collons.

PRATS

Quants plats t'has fotut?

BRADLEY

Comptant aquest? Quatre.

PRATS

Rebentaràs.

BRADLEY(assenyalant un panet que té en Ruben davant)

T'ho acabes, això?

(En Ruben fa que no amb el cap sense mirar-lo perquè està netejant-se les ungles amb una forquilla de plàstic.

Des d'una altra taula, un PRES JOVE fa un xiulet i es mira en Prats.)

PRES JOVE

Eh, director!

(El pres jove assenyala la tele. El presentador de la secció de cultura parla sobre unes imatges d'arxiu d'en Kilian. En Prats crida un dels vigilants.)

PRATS
Disculpa, pots apujar el volum?

(El vigilant fa un senyal i un dels cuiners apuja el volum del televisor.)

PRESENTADOR
[...] després de l'accidentat rodatge de l'octubre passat, que va acabar amb un intent d'homicidi i un incendi que va destruir gran part de les instal·lacions [...]

(Apareixen imatges d'arxiu d'en Prats reduït per dos agents de policia i d'en Bradley i en Ruben emmanillats. Més imatges d'arxiu: el plató en flames, gent amb les mans al cap, un funcionari que fuma.)

PRESENTADOR

[...] finalment la pel·lícula *Operació Budapest*, protagonitzada per Joel Joan, s'estrenarà aquest divendres [...]

(En Prats no pot apartar la mirada del televisor. En Ruben fa que no amb el cap. A la pantalla hi apareix Herr Produktor.)

HERR PRODUKTOR

Vam estar a punt de viure una tragèdia, però els obstacles sempre ens fan créixer com a professionals, i al final mires enrere i veus que no podem estar més contents amb el resultat. Serà una pel·lícula que s'estrenarà directament en plataformes, que està dividida en capítols i que, a més, està pensada per ser vista en mòbil o tauleta. És el que pretenem que sigui el cinema del futur, una experiència individual que es pugui gaudir a qualsevol lloc i en qualsevol moment.

PRESENTADOR

Esperem que sigui un èxit, i de ben segur que ho serà.

(En Prats s'asseu, pàl·lid. En Bradley segueix menjant vedella amb bolets.)

BRADLEY

La pel·li serà una merda, no pateixis.

PRATS

No tornaré a dirigir mai més.

BRADLEY

És clar que sí! Quan sortim d'aquí farem una pel·lícula de puta mare.

PRATS

Haurà de ser molt bona perquè la gent s'oblidi que vaig voler assassinar el productor.

BRADLEY

Això és publicitat, home! I una publicitat de puta mare. Les productores es fotran d'hòsties per tu.

PRATS

Ara mateix l'únic que ens hauria de preocupar és que aquests nazis no ens matin.

BRADLEY

Oh, sí. El fill de puta aquest d'en Manfred...

PRATS

Qui?

BRADLEY

El gegant aquest de l'àliga a l'esquena. Va aixafar-li el cap a un paio amb un extintor perquè es veu que l'havia mirat malament. També va treure una pipa en una festa de l'orgull gai i va deixar sis ferits i un mort. Es va defensar ell mateix al judici i va al·legar que era un enviat de Jesús per netejar el planeta de negres i maricons.

PRATS

Carai.

(En Ruben deixa la forquilla sobre la taula i s'aixeca de la cadira.)

RUBEN

A la gent li has de demostrar qui mana o estàs perdut.

(En Ruben s'acosta per darrere a en Manfred el Nazi, que està dempeus, amb els braços recolzats sobre la taula, parlant amb els seus adlàters. Amb un sol gest, en Ruben li abaixa els pantalons i li insereix el dit índex al cul. Pla de la cara de sorpresa d'en Manfred. Pla de la cara d'en Ruben, somrient. Contraplà de les cares d'horror d'en Prats i en Bradley. Congela el fotograma.

TALLA A NEGRE.

CRÈDITS.)

També a labutxaca: